NORDIC PATH
NEW SCHOOLS FOR FUTURE GENERATION

FINLAND

북유럽 학교 핀란드
NORDIC PATH: New Schools for Future Generation

2021년 12월 10일 초판 1쇄 찍음
2021년 12월 15일 초판 1쇄 펴냄

지은이	안애경
펴낸이	이상
펴낸곳	가갸날
주소	경기도 고양시 일산동구 강선로 49 BYC 402호
전화	070.8806.4062
팩스	0303.3443.4062
이메일	gagyapub@naver.com
블로그	blog.naver.com/gagyapub
페이지	www.facebook.com/gagyapub
디자인	강소이, 노성일
용지	npaper
제작	더프레스

ISBN	979-11-87949-80-0 03370

NORDIC PATH
NEW SCHOOLS FOR
FUTURE GENERATION

북유럽 학교
핀란드

안애경

가갸날

북유럽을 닮은 아티스트,
안애경

곽노현(전 서울특별시 교육감)

　북유럽 스칸디나비아 국가들은 사회민주주의 이념으로 가장 인간적인 자본주의사회, 즉, 민주복지국가를 만들어 낸 작지만 강한 나라들이다. 많은 사람들이 그랬듯이 나도 스웨덴, 노르웨이, 핀란드, 덴마크를 오랫동안 동경했다. 과거와 같은 현격한 차이가 나진 않지만 여전히 스칸디나비아 국가들은 청정한 환경과 생태 보존, 투명한 정치와 행정, 혁신적인 경제와 교육으로 전세계의 선도국가가 되고 있다.

　나는 1980년대에 스웨덴 정치를 한동안 연구했고, 2000년대부터는 핀란드 교육 붐이 불어 와 핀란드 교육도 공부하지 않을 수 없었다. 내 주된 관심사는 정치이념과 정치경제 시스템, 교육 시스템이었지만, 길거리와 골목, 공원과 미술관에서 마주치는 다양한 문화와 예술, 환경 감수성을 지나치진 않았다. 오늘 소개할 안애경의 책은 학교 건축과 예술교육을 중심으로 지역사회와 일상생활에 녹아 있는 핀란드와 노르웨이의 문화와 예술, 교육의 특징을 풀어내며 우리 사회에 말을 건넨다.

정직하게 말하자면 나는 안애경의 이번 책에서 그동안 내가 접했던 핀란드나 노르웨이 관련 책을 다 합친 것보다도 더 많이 핀란드와 노르웨이의 일상적 삶과 교육, 문화의 속살을 만났다. 그만큼 안애경의 관점과 시선, 감수성이 독특하다. 앞으로 누구도 이런 책을 만들어 내지 못할 게 틀림없다. 우선 안애경만큼 현지인처럼 그곳에 오래 살며 경험하기가 어렵다. 안애경만큼 글을 잘 쓰고 사진을 잘 찍기도 어렵다. 안애경만큼 교육과 건축, 예술을 자유자재로 넘나들기도 어렵다. 안애경만큼 아티스트 감수성을 갖추기도 어렵다.

실은 안애경을 잘 알지 못한다. 지금까지 대여섯 번 봤을 뿐이고, 긴 애기는 두어 번 나눈 정도다. 안애경은 내가 2010년 가을 헬싱키에서 마주친 뜻밖의 인물이었다. 하지만 첫눈에 그가 자유로운 아티스트이자 교육에 관심이 많다는 사실을 알아챘다. 그가 귀국길에 보라며 책을 한 권 건넸다. 사진이 많이 들어 있지만 한국인의 눈으로 본 핀란드 사회와 육아, 교육의 특징이 고스란히 담겨 있었다. 한국 아티스트의 눈으로 본 핀란드 사회의 예술교육과 예술문화의 특징도 흥미로웠다.

그는 예리한 이방인 관찰자로서 핀란드 사회의 특징을 잡아내는 글을 쓴다. 그의 글은 모두가 비교적 관점 위에 서 있다. 그의 정신과 감수성은 반은 한국적이지만 반은 북구적이다. 나는 그가 책에 실어놓은 수많은 사진에서, 사회민주주의의 건강한 기능성과 심미성을 확인하고 내심 안도했다. 국가와 사회가 보통사람을 대접하는 높은 수준을 실감하고 여전히 우리 국가가 가야 할 길이 멀다는 사실을 절감했다.

끝으로 이 책의 독자는 누구나 안애경이 핀란드 사회를 지켜보는 예리한 관찰자이고, 핀란드 문화를 바라보는 따뜻한 문필가이며, 핀란드 교육을 본받고 싶은 탄탄한 교육자라는 사실을 알게 될 것이다. 나는 안애경이 스칸디나비아 사회의 평등지향적이고 연대지향적인 사회민주주의 이념과 정치가 지역사회와 학교교육, 그리고 예술 분야에서 어떻게 녹아드는지를 잘 보여준다고 믿는다. 그의 글에서는 북유럽의 차가운 합리성, 뜨거운 연대성, 적당한 개인주의가 풍겨 온다. 쨍 하는 추위, 따끈한 커피, 두툼한 털장갑도 연상된다. 그대의 손에 쥔 안애경의 책이 바로 핀란드와 노르웨이의 숲이다. 맘껏 산책하라.

차례

사색의 공간에서

물려줄 유산은 자연이다

6월을 맞는 사람들이 태양을 마주하고 있다. 태양을 맞는 얼굴은 밝고 투명하다. 행복한 모습이다. 어둡고 긴 겨울을 살아온 사람들에게 내리는 축복의 시간이 다가온 것이다. 춥고 어두운 겨울의 암울함 속에서 오랫동안 기다려온 태양빛 시간이 그리움처럼 녹아드는 순간이다. 긴 어둠 속에서 결코 다시 볼 수 없을 것 같았던 태양빛 하늘이 황홀하게 열렸다. 그 환희의 순간은 분명 어둠의 깊이를 경험한 사람들만이 느낄 수 있을 것이다. 빛에 대한 세밀한 감정은 어둠 속 깊이를 뼛속으로 체험한 사람들에겐 또 다른 감정으로 찾아온다.

한겨울 어둠 속 깊이를 경험하며 북유럽 사람들이 취하는 침묵의 무게를 알게 되었다. 멜랑콜리! 침묵은 그들에게 더없이 평온하게 세상을 관조하는 태도다. 겨울 깊이를 침묵으로 지탱해 온 사람들에게 한여름 태양빛 뜨거움이 축복하듯 찾아온다. 짧지만 강렬한 백야의 시간이다. 백야가 되면 사람들은 하얀 밤을 지새운다. 다시 다가올 어둡고 우울한 겨울 시간을 생각하며 태양 에너지를 비축한다. 다시 그리워질 태양빛을 만끽하며 태양과 더욱 가까운 곳에 얼굴을 마주한다.

사람들은 고대하던 여름 휴가철이 되면 모두들 숲과 물가로 향한다. 숲속이나 호숫가 혹은 작은 섬이 무수히 흩어져 있는 바닷가의 한적한 곳에는 나무로 지은 여름집이 있다. 천연 자연환경에 위치한 여름집에서 도시문명과는 동떨어진 원시적인 생활을 하며 지낸다. 사람들은 그동안 전념했던 일에서 완전히 벗어나 한가한 여름 휴가를 보낸다. 일상생활에서 최첨단 시설을 갖추고 살던 사람들도 숲속 생활에서는 단순하고 원시적인 모습으로 자연의 일부가 된다. 휴대전화도 내려놓는다. 휴가 중에 사람들은 서로 방해하거나 방해 받지 않기 위해 전화기를 내려 놓는다. 사람들은 휴가 중에 연락이 안되어도 불편해 하지 않는다. 여름 휴가에 전화기를 내려 놓는 일은 서로에 대한 예의이며 암묵적인 약속이다. 어쩌면 여름 휴가는 문명사회에서 스스로를 노예로 만든 모든 최첨단 장비로부터 탈출하는 기회인지 모른다.

사람들은 인간이 불편함 없이 살아가기 위해 개발한 최첨단기술이 스스로를 옥죄는 현상에 접어들었음을 깨닫고 있다. 전세계가 경쟁 속에서 최첨단 기술을 향해 달리고 있을 때 핀란드 사람들은 현실을 직시하며 인간과 자연의 관계를 생각한다. 인간과 자연이 조화를 이루며 살아야 할 원칙을 잊지 않고 지켜왔다. 자연의 법칙을 따르며 첨단기술을 남용하지 않는다. 여름 휴가는 자연과 인간이 균형을 이루며 살아가는 데 활력이 되는 소중한 생활의 일부다. 휴식하면서 인간이 서로 마주하는 한계를 받아들이며, 자연을 세밀하게 관찰한다. 우주만물의 귀중함을 몸소 체험한다. 원시적인 자연 속에서 재충전의 기회를 갖는다. 다시 최첨단 장비를 갖춘 도시 생활로 복귀하는 시간까지 자연에서 영감을 얻으며 다소 게으르고 한가한 휴가철을 보낸다.

할머니, 할아버지 때부터 내려온 가치 있는 유산은 자연이다. 사람들은 자연 속에서 휴식의 시간을 보내며 조상의 가르침을 몸소 체험한다. 자연 앞에서 겸허한 인간의 자세는 그래서 다음 세대에게도 겸손한 태도로 다가간다. 여름 휴가철이 되면 여러 지역에서 흩어져 살고 있는 손자, 손녀부터 할머니, 할아버지까지 대가족이 함께 여름집에 모인다. 아이들은 어릴 때부터 부모를 따라 자연스럽게 자연 속의 생활을 경험한다. 여름집에서 할아버지, 할머니와 함께하는 시간에 아이들은 더 많은 삶의 지혜를 배운다. 교과서에서는 배울 수 없는, 자연에서의 지혜로운 생활 방식을 익히며 아이들은 대를 이어갈 자연을 대하는 태도와 심성을 갖게 된다.

두 달의 여름방학 동안 아이들은 숲속 풍성한 열매들이 태양빛에 쑥쑥 커가는 광경을 가까이에서 경험한다. 이른 여름 텃밭에 뿌린 씨앗은 어느새 싹을 틔우고 훌쩍 자라 싱싱한 열매를 맺는다. 태양빛 에너지를 온몸으로 맞는 여름 휴식은 제철 열매를 맛보며 감동적인 생명을 관찰하는 시간이다. 자연을 온전히 맛보는 여름집 생활은 핀란드 사람들에겐 다음 세대에게 전통을 전하는 귀한 시간이다.

아이들이 엄마와 함께 텃밭을 찾았다. 모종하고 물 주며 정성으로 가꾼 딸기가 열렸다. 여름방학을 맞아 아이들이 직접 키운 딸기를 수확하는 기쁨을 맛보고 있다. 처음 수확한 딸기가 손바닥 위에 쌓인다. 입에 넣기도 아까운 상큼한 여름 딸기다.

딸기는 핀란드 사람들에게 여름을 상징한다. 잡풀에 뒤섞여 자란 딸기는 자연에서 태양빛으로만 자
란 볼품 없이 작고 불규칙한 모양이다. 핀란드 사람들은 인공적인 단맛보다는 자연 맛을 담은 제철
과일을 더욱 신뢰한다. 더 많은 수확을 위해 욕심 내지 않는다. 계절을 거스르는 생각도 하지 않는다.
잡풀과 함께 자라는 텃밭에서 제철에 자신이 공들인 만큼의 수확을 거둔다. 식구들과 이웃에게 나누
어 줄 정도만 키우며 내년에 다시 찾아올 기적 같은 태양빛을 기다린다. 손수 가꾼 딸기를 맛보며 자
연에서 터득한 지혜로운 생활을 즐긴다. 할머니, 할아버지가 그래 왔듯이 자연과 인간의 관계를 자연
스럽게 몸으로 체험한다.

아이들은 자연에서 또 다른 생명의 귀중함을 경험한다. 자연에는 교과서에 나와 있지 않은 이야기들이 풍부하게 펼쳐져 있다.

바닷가 섬에 있는 여름집은 헨릭이 직접 지었다. 재활용 목재로 바위 위에 얹어 지은 집이다. 여름집
에서는 최대한 절제된 생활만이 가능하다. 여름집엔 전기도 들어오지 않는다. 대부분의 핀란드 여름
집은 전기, 수도 시설이 없다. 자연을 훼손하지 않기 위한 실천이다. 도시 생활에 익숙한 사람들이지
만 자연에서 완전한 휴식을 취하기 위해 원시인에 가까운 생활로 들어간다. 자연에 순응하며 살아온
사람들에게 백야의 순간은 축복이다.

여름 햇살과 마주하는 젊은이들. 물을 좋아하는 핀란드 사람들이 여름을 나는 방법이다.

실내생활보다는 야외에서 뜨거운 여름을 즐긴다.

자연과 함께 살아가는 사람들에게 자연의 이치를 깨닫는 일은 소중하다. 아이들은 할아버지와 함께 자연을 경험하고 자연의 지혜를 배운다. 여름방학 동안 여름집에서 지내면서 아이들은 할아버지, 할머니가 전하는 자연의 법칙을 자연스럽게 터득한다. 여섯살 쌍둥이 요니와 토니는 할아버지가 가르치는 도끼 사용법을 익히고 있다. 숲속 생활은 아이들이 학교 생활에서 배우지 못하는 자연과 인간의 관계를 체험하는 시간이다. 어른들의 가르침은 자연 가까운 곳에 있다. 아이들의 경험은 독립적으로 생활하고 혼자서도 어려움을 극복할 수 있는 정신으로 이어진다. 숲을 이루는 생명체의 근본 이치를 아이에게 가르치는 일은 북유럽 사회가 물질보다 자연을 관조하는 태도로 나타난다.

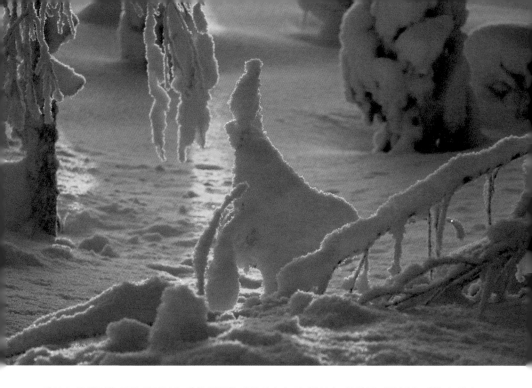

하얀 눈은 한겨울 꽁꽁 얼어붙은 세상 풍경을 바꾸어 놓는다. 하얀 눈 위에 반사된 빛은 어둠 속에서 더욱 빛난다. 하얀 눈은 어둠 속에서 사람들을 위로하는 빛이다. 자연의 빛에 대한 인간의 감정은 침묵으로 나타난다. 핀란드 사람들이 간직한 빛을 그리는 마음은 자연에 시선을 두고 있다. 어둠을 밝히는 빛은 하얀 눈을 고대하는 사람 마음 속 그리움이다. 그들이 갖는 공간에 대한 감정이다. 멜랑콜리!

긴 겨울 하얀 눈은 어둠을 밝히는 빛으로 찾아온다. 공원에 모인 사람들은 눈 위를 구른다. 겨울 생활
은 더욱 단조롭다.

친구의 시각으로

북유럽 디자인 전시를 기획하면서 핀란드 친구들의 요청으로 우리나라 시골 마을을 여행한 적이 있다. 도심에서 벗어나 아름다운 시골 경치를 만끽하고 싶었던 우리 앞에 자꾸 시야를 가리는 괴물 같은 빌딩들이 다가선다. 아름다운 산은 거대한 시멘트 덩이에 가려 있다. 처음 한국을 방문한 친구들은 서울 빌딩숲에서 벗어난 시골 여행에 잔뜩 기대를 부풀리며 상상의 나래를 폈다. 하지만 기대했던 풍경은 좀처럼 나타나지 않았다. 시골 어디를 가더라도 공사 중인 현장에서 똑같은 모습으로 시멘트 덩이가 올라가고 있었다. 낯선 풍경에 친구들은 무섭고 괴기스럽다고 했다. 그러면서 시멘트 덩이가 자연으로 돌아갈 수 없는 물질이라는 사실을 사람들이 알고 있는지 묻는다. 우리는 어쩌면 미래 아이들이 시멘트 덩이를 짊어지고 살아야 할지 모른다는 어둡고 섬뜩한 대화를 이어갔다.

창밖 풍경을 내다보던 친구가 또 다른 의문을 갖기 시작한다. 빌딩마다 길게 늘어진 현수막을 가리킨다. 광고가 적힌 현수막이었다. 빛이 들어와야 할 창을 현수막이 가리고 있다는 우려였다. 창을 가린 건물에 사는 사람들이 불쌍하다는 의문을 제기한다. 자연광선을 무엇보다 중요하게 생각하는 북유럽의 주거 환경에서는 있을 수 없는 일이기 때문이다. 그리고 보니 창밖으로 스치며 지나가는 대부분의 빌딩 창문

이 간판과 현수막으로 가려 있었다.

핀란드 친구들과 여행을 하면 이처럼 서로 다른 관점에서 생활 환경을 보게 된다. 우리 스스로 상업적 논리에 밀려 누려야 마땅한 권리와 건강한 삶을 잃어버리고 있는 것이 아닌지 되돌아보게 된다.

서울 도심의 도로 한복판, 시멘트 바닥 위 분수대를 뛰어다니는 아이들을 보며 친구는 또 다른 의문을 제기한다. 수많은 차들이 오가는

숲에서 아이들은 또 다른 세상 친구들을 만난다.

도심 한복판에서 뛰노는 아이들의 모습이 안전해 보이지 않는다는 것이다. 아이들이 나무 그늘 없는 시멘트 거리를 배회한다.

아이들에게 풀이 자라고 나무 그늘이 드리운 자연을 되찾아주면 좋겠다는 상상을 해본다. 자연의 진리를 교과서만으로는 깨우칠 수 없다. 아이들에게 자연을 경험할 수 있는 환경을 제공해야 한다. 아이들이 자연의 이치와 생명의 귀중함을 발견하게 하려면 우리는 지금 무엇부터 시작해야 할까? 자연은 인간이 다스릴 수 없는 진리를 품고 있으니 함부로 대해서는 안된다. 이 같은 이치를 아이 때부터 터득해야 한다. 어른들이 파헤친 숲이 시멘트 덩이로 덮이고 있다. 자연이 파괴되고 숲이, 나무가 아름다움을 잃었는데 과연 아이들이 자연의 본질을 발견할 수 있을까?

한여름, 도심의 차도를 오가는 아이들을 보며 엉뚱한 상상을 한다. 시멘트를 걷어 내고 서울 도시 한복판에 사과나무를 심는다면 얼마나 근사할까?

학교는 가르치는 곳이 아니라 배우는 곳이다

핀란드 의무교육

핀란드는 교육을 국가의 최우선 순위로 보고 있다. 국민 전체가 교육을 받지 않으면 다음 세대가 건강한 생활을 기대할 수 없을 것이라는 시각이 있다. 핀란드 교육은 독립성을 갖고 교육혁신을 이루어 왔으며 어떤 정치적 영향도 받지 않는다. 지자체의 독립적 책임하에 운영되는 학교에서는 아이들 학습 효율을 높이고 좋은 결과를 얻기 위해 교육 자원을 높이려 노력한다. 또한 잘 훈련된 훌륭한 교사들이 자율적으로 수업하도록 존중해 준다.

핀란드 교육이 미국이나 다른 나라들과 구별되는 이유는 낙오자를 남기지 않는다는 점에 있다. 엘리트 교육보다는 모든 아이들이 학교생활에서 평등한 기회를 갖도록 뒤처지는 아이에게 더 많은 관심을 갖고 지원한다. 핀란드는 모든 국민이 무상으로 교육 받을 권리가 있다는 원칙하에 교육을 최우선시해 왔다. 교육이 민주주의와 복지국가의 근본이며 사회경제 발전의 중심이 된다고 여기기 때문이다. 핀란드 시민이라면 자녀가 교육 받는 것을 우선으로 생각하며 그에 따른 재정 지원이 보장된다.

핀란드가 오랫동안 OECD 국제학업성취도 평가(PISA)에서 1위를 지켜온 교육 강국이라는 점은 국제적으로 공인된 사실이다. 핀란드 교육학자들은 핀란드 교육이 어떻게 성공을 거둘 수 있었는지 설명하는 일은 간단하지 않다고 말한다. 분명 PISA 테스트 결과의 데이터만으로 설명되지 않는 부분이 있다는 것이다. 핀란드 교육에 대한 정보와 매뉴얼은 결코 핀란드 교육 전체를 설명해 주지 못한다. 모든 학교가 각자 다른 특성과 다른 콘셉트 하에 독립적인 운영 시스템을 갖고 있기 때문이다. 학교마다 교장과 교사의 협력으로 자율적인 교육이 가능하기에 모든 학교는 서로 다른 환경의 커리큘럼과 특징을 갖고 있다.

여러 학교와 사회기관이 협력해 실시하는 사회 통합 교육이 아이들에게 어떤 태도와 사회 적응력을 키워주는지 지속적으로 살피는 일은 흥미로웠다. 지식과 기술의 습득도 필요하지만, 아이들이 학교에서 체험한 창의적인 활동이야말로 건강한 사회 구성원이 되어 인생을 살아가는 데 중요한 요소이기 때문이다.

이론보다는 실천

핀란드를 방문한 한국의 교육학자, 교사 들과 함께 핀란드 학교를 찾은 적이 있다. 핀란드 학교에서 아이들 수업을 참관한 한국 교육학자는 한국 교육과 핀란드 교육에서 다른 점을 발견했다고 이야기했다. "교육 이론은 같지만 핀란드 교육은 실천하는 현장"이라며 핀란드 학교에서 교사와 아이들의 모습을 보고 감동 받았다는 것이다. 함께 자리했던 다른 한국 교사들도 동의했다. 그 후로도 교육 관계자와 정치인, 교사 들의 핀란드 학교 방문은 끊이지 않았다. 과연 지금 한국에서 어떤 실천으로 이어지고 있는지 궁금하다.

핀란드를 찾는 교육자나 정치인들은 대부분 핀란드 교육에 대한 데이터와 매뉴얼을 열심히 찾는다. 하지만 원하는 자료가 충분하지 않다는 점에 놀란다. 핀란드 교육이 그렇게 월등하다면서 인터넷이나 프린트물에서 왜 핀란드 교육의 원동력에 대한 정보를 충분히 찾을 수 없는지 궁금해 한다. 그러한 의문에 대해 헬싱키 대학 교수와 중부 도시에 위치한 위바스쿨라 대학에서 국제학업성취도 평가를 연구하는 교수진들과 대화한 적이 있다. 그들의 답은 아주 간단했다. "교육은 아이들을 위한 실천일 뿐이다. 누구에게 보고하기 위한 것이 아니다."

교사를 신뢰하고 교사의 자율성을 존중하는 핀란드 교육 환경에서는 교사를 위한 교육 지침서나 매뉴얼 같은 것은 없다. 교사들은 핀란드 기본 교육 목표와 방향성에 대한 정보만 공유할 뿐이다. 핀란드에서는 교사가 가지고 있는 각자 다른 교육철학과 교육 방법을 신뢰한다. 교사의 철학이 아이들 앞에서 변화무쌍한 방법을 통해 전달되고 아이들이 반응하는 과정을 교육으로 생각하는 것이다. 사전에 교사를 검증할 그 어떤 근거도 없다고 그들은 생각한다.

핀란드에서는 교사들을 평가하지 않는다. 핀란드 교육 환경에서 교사들은 더욱 자유롭고 혁신적인 교수법으로 아이들을 위해 스스로 연구한다. 교사에 대한 신뢰와 자유만큼 자신에 대해 책임과 의무를 다하는 교사의 태도는 쉽게 눈에 드러나지 않지만 핀란드 교육을 성공으로 이끈 가장 첫 번째 이유다. 교사의 자부심과 영광된 자리는 다음 세대를 행복하고 안전하게 대하는 교육을 목표로 한다. 스스로에게 주어진 자율적인 책임인만큼 최선을 다해 아이들 교육에 매진한다. 교사는 아이들의 미래를 위한 일에만 집중한다. 서류 만들고 윗사람에게 보고하는 일로 시간을 낭비하지 않는다.

핀란드 학교에서는 교장, 교감의 지위를 가진 선생님들도 교실에서 아이들을 가르친다. 일반적으로 다른 교사들과 동등한 입장에서 아이들을 가르치는 모습을 자주 목격한다. 교장, 교감의 지위는 업무상 책임을 수행하는 명칭일 뿐 절대적인 권위를 갖지 않는다. 직위가 크게 작용하지 않는 핀란드 사회에서 교장, 교감의 위치에서 아이들을 가르치는 일은 특별한 일이 아니다. 교육 현장에서 일반교사든 교장이든 아이들 앞에 서는 일은 똑같이 책임과 의무를 다하는 일이다. 교장이나 교감의 위치에 있는 사람들은 좀 더 경험을 가진 노련한 교육자다.

교장, 교감 선생님들에게 아이들 앞에 서는 이유를 물었다. 교장, 교감이 수업을 주관하는 이유는 자신의 경험을 아이들과 좀 더 나누어야 한다고 생각하기 때문이라는 공통적인 답이 돌아왔다. 그동안 쌓아온 경험으로 아이들과 소통할 수 있는 기회를 적극적으로 즐기는 것이다. 교사 간의 권위와 차별이 없는 자율적인 태도와 분위기 속에서 평화로운 교육 환경이 유지되는 현장을 실감할 수 있었다.

1등을 다투지 않는다

　핀란드 교육을 살피면서 흥미로운 내용을 알게 되었다. 전세계가 관심을 갖는 국제학업성취도 평가에 대한 결과는 실제로 지역사회 경제를 배경으로 하는 학습과정에 큰 영향을 끼치지 않는 것으로 나타났다는 보고다. 예상치 못한 결과는 아니었다고 한다. 핀란드 사회는 앞서가는 어떤 현상을 뒤쫓거나 모델로 삼지 않는다. 특별해 보이는 현상은 하나의 케이스로 인정할 뿐 뒤따르거나 과장하지 않는다. 모든 아이들이 서로 다른 개성을 표현하고 동등한 기회를 갖는 것이 더 중요한 교육 목표이기 때문이다. 1등을 다투는 일에 관심을 두지 않는 교육을 배경으로 한 핀란드 사람들의 사회적 인식이다. 핀란드 교육에서는 학습효과를 높이기 위한 사설 기관이나 개별지도 같은 것은 관심 대상이 아니며 실제로 사설 교육은 존재하지 않는다. 핀란드에서는 교사와 공교육에 대한 신뢰도가 높기 때문이다.

　핀란드 교육에서 데이터와 같은 메뉴얼로 나타낼 수 없는 공교육 현장을 경험하였다. 아시아 문화권에서 보는 몇 가지 관점에서 핀란드 공교육 현장을 관찰하며 지속가능한 미래교육이 무슨 뜻인지 깨닫게 되었다. 핀란드에서는 학벌이나 엘리트 교육보다 모든 아이들이 사회에서 함께 살아가는 실질적인 교육에 중점을 둔다. 학교에서 아이들은 한 가지 교육에 집중하기보다 다양한 감각기능을 통해 통합적인 사고와 태도를 기른다. 결국 핀란드 교육이 지향하는 목표는 아이들 하나하나가 개별성을 가지며 창의적으로 사회생활을 하는 것이다. 민주적이고 평화로운 세상을 보는 인본주의적 시선이 그 교육목표의 바탕을 이룬다.

어떤 낙오자도 없는 사회

한 사람도 그 어떤 불리한 조건 때문에 인생의 낙오자가 되지 않아야 한다는 것이 핀란드 사회복지제도의 모토다. 장애인이든 아니든 높은 세금을 내야 하는 엄격한 법과 제도에 모두가 동참하고 자발적으로 실천한다. 사회복지제도를 갖추고 그 제도를 실천하는 가장 큰 동기부여는 모든 사람이 동등한 기회를 갖는 일이다. 핀란드 교육을 살피는 과정에서 핀란드 사람들이 이야기하는 평등과 그 평등의 가치는 공교육 과정에서 자연스럽게 배우는 것임을 발견했다.

핀란드 학교를 경험하며 그동안 만났던 교사와 아이들 사이에서 다음과 같은 중요한 키워드를 생각했다. 중요도에 의한 순서는 아니다. 핀란드 학교 공간에서 실천하는 교사와 그에 반응하는 아이들의 얼굴에서 느낀 것은 곧 미래였다. 가장 큰 울림은 신뢰를 바탕으로 한다.

- ☐ 평등의 기본 원칙을 배운다
- ☐ 쾌적하고 안전한 학교생활에서 너그러움을 배운다
- ☐ 체벌하지 않는다. 스스로 자각한다
- ☐ 실수를 통해 배운다. 자존감을 쌓는다
- ☐ 공예,예술, 디자인 교육의 실용화. 자신감을 갖는다
- ☐ 낙오자가 없다. 함께하는 세상을 믿는다
- ☐ 교사와 학생 간의 친밀감. 지위를 따지지 않는 존경심
- ☐ 겉모습으로 평가하지 않는다. 스스로 자유와 자율성을 구별한다
- ☐ 하루 한끼 학교 식사를 통해 행복을 맛본다.
- ☐ 차별하지 않는 사회성을 기른다. 사회를 긍정적으로 생각한다.

핀란드 학교생활을 경험하다

지난 몇 년간 헬싱키 외곽에 위치한 한 초등학교에서 두 학년의 어린이 수업 시간을 참관하며 초등학교 교육을 구체적으로 경험했다. 몇 개의 프로젝트를 수행하고 있던 헬싱키 아트센터 안난딸로에서 우연히 알게 된 두 교사 덕분이다. 아이들과 함께 학교 수업의 연장선에서 아트센터를 찾은 두 교사의 수업 방법이 남다른 점을 발견했다. 두 교사에게 귀중한 허락을 받고 학교를 방문했다.

공예 아트와 같은 수업 시간을 아이들과 함께했다. 어느새 아이들 모두와 친구처럼 반가운 얼굴이 되어 충분히 자연스러운 수업시간을 기록할 수 있었다. 띠나와 시르꾸 두 교사는 헬싱키에 있는 라또까르따노 초등학교에서 각각 3학년과 4학년 담임을 맡고 있다.

두 교사는 수업시간 대부분을 합반으로 진행한다. 합반을 하는 이유는 다양하고 융통성 있게 수업을 이끌어 갈 수 있기 때문이다. 두 교사는 20년 이상 교육 현장에서 몸소 체득한 경험을 바탕으로 혁신적인 수업 방식을 실천하고 있다. 그것은 아이들에게 더 큰 흥미를 주고 이해력을 돕기 위해 자유로운 환경을 조성하는 일이다.

두 교사는 아이들이 자신들의 모습을 보면서 가장 큰 영향을 받는다는 점을 잘 알고 있다. 그래서 민주적이고 좋은 선생님의 모습으로 아이들 앞에서 일관성을 갖기 위해 노력한다. 교사는 늘 아이들이 가능성을 가지고 상상력을 발휘할 수 있도록 돕는 입장이 되어야 하며, 아이들이 창의적인 문제해결 능력을 키우는 것이 무엇보다 중요하다고 말한다. 다른 사람을 모방하는 것은 창의력에 도움이 되지 않는다고 강조한다. 두 교사가 말하는 창의적인 수업 내용과 아이들 반응을 관찰하는 것은 내게 몹시 흥미로운 일이었다.

두 교사는 서로 더 잘하는 분야의 수업을 리드하는 방법으로 융통성을 발휘하며 합반 수업을 진행하고 있었다. 체육을 전공한 교사 띠나는 다양한 스포츠를 통해 아이들이 건강하게 학교생활에 적응하는 시간을 만들어간다. 하지만 아이들에게 스포츠센터에서 운동하는 것을 강요하거나 무리한 룰을 적용하지는 않는다. 아이들에게 운동이 취미가 될 수 있도록 흥미로운 게임처럼 진행한다. 한겨울의 햇볕 좋은 날에는 체육관에서 시간을 보내기보다 아이들과 함께 숲으로 산책을 나간다.

교사 시르꾸는 예술 분야에 관심이 많다. 그래서 예술 분야에서 쌓아온 교직 생활 경험을 토대로 수업을 이끌어간다. 아이들이 손으로 만들고, 바느질하고, 악기를 다루며 흥미를 갖도록 한다. 아이들 자신에 내재한 감각을 끄집어내는 시간이다. 아이들은 만들기 시간에 그룹을 나누어 협동 작업을 한다. 어릴 때부터 개인 작업보다는 공동 작업을 통해 협동하는 의미를 익힌다. 그룹으로 함께 둘러앉아 만들기를 하는 아이들은 서로 의논하면서 작업을 즐기고 있었다.

공동 작업을 하는 아이들 그룹에서 반드시 한 명은 작업 과정을 기록한다. 흥미가 같지 않은 아이들이 한 그룹 안에서 어떻게 서로 조화를 이루고 협동하는지 연습하는 시간이다. 아이들은 서로 의견을 내고 대화하면서 공동 작업에 필요한 균형을 배워간다. 손으로 어떤 형상을 만들어 가는 과정은 보기 좋은 완성품을 만드는 것만이 목적은 아니다. 각자의 생각을 끄집어내고 대화하면서 이야기로 전개해 가는 또 다른 차원의 통합적 사고를 키우는 교육이었다.

자유로운 환경에서 아이들의 태도는 때로 지나치게 무질서해 보일

때도 있다. 교사는 아무 때나 주의를 주지는 않는다. 아이들이 통제불능이라고 생각될 때 기회를 살피다가 직설적으로 한 번에 따끔하게 주의를 주는 것이 효력 있다고 했다. 반복된 주의는 효력을 잃을 뿐 아니라 아이들을 주눅 들게 하고 위축시키므로 아이들의 창의적인 사고에 방해가 된다는 것이다.

무상교육에서 평등함을 배운다

핀란드 학부모들은 아이가 단지 수업을 받을 목적이 아니라, 아이들이 무언가 스스로 발전할 수 있도록 지원할 목적으로 학교에 보낸다. 학생들에게 학교는 매일 따뜻한 점심을 제공하는 곳이며 친구들과 만나는 곳이다. 학교는 학생들이 미래를 준비하는 곳이기도 하지만, 현재 상태로 얼마나 좋은 인생인지 확인하는 곳이기도 하다. 과목을 배우는 것은 학교교육에서 주요 목적이 아니다. 핀란드 학교 시험에서는 부정행위를 발견하기 어렵다. 1등으로 사람을 평가하지 않기 때문이다.

부모는 자녀를 돌보는 교사를 신뢰하고, 교사는 모든 학생이 성장하도록 돌본다. 약점을 가지고 있는 아이들을 위해 더 큰 관심을 기울이고 지원한다. 따라서 핀란드 학생들은 다른 나라에 비해 능력 편차가 크지 않다. 핀란드 학교에서는 체벌을 하지 않는다. 교사가 물리적으로 체벌한다는 생각을 하지 않는다. 소리지르는 일조차 필요가 없다. 교사가 체벌하거나 학생을 제어하는 일은 핀란드 전문 교육과정에는 존재하지 않는다. 교육자로서 책임 있는 목표는 학생들이 발전할 수 있도록 돕는 것이다. 만약 아이가 필요한 교과서를 집에 두고 왔다면 비난하는 대신 새로운 교과서를 제공한다. 교사는 아이들을 체벌로 다스리기보다 좀 더 원인 분석을 하고 심리학적으로 아이들을 대한다. 다시 아이가 제자리로 돌아오기를 기다려준다.

모든 학교 프로그램은 무상교육으로 실시되며 교과서, 필기도구까지 무상으로 지급된다. 교사들은 무상으로 지급되는 교재 외에 어떤 교재나 필기도구도 사적으로 권할 수 없다. 교재나 수업에 필요한 도구는 기본적으로 학교에 충분히 갖추어져 있다. 교과서 없이도 교사들은 스스로 교육 프로그램을 만들어 진행한다. 교사가 신뢰 받는 교육이 이루어지고 있기 때문이다.

공교육 안에서 모든 아이들을 차별 없이 대한다. 가정 형편과 상관 없이 아이들은 모든 학교 시설을 이용할 수 있고 필요한 경우 특별활동에도 참여할 수 있다. 휴식 공간, 특별활동에 필요한 목공 시설, 도서관, 악기 다루는 시설 등 모두가 평등하게 사용하도록 열려 있다. 특별활동을 위한 공간은 풍부한 재료와 실용적인 기능을 갖추고 있다. 학교 환경은 가정과 마찬가지로 아이들이 심리적으로 안심하고 생활하도록 배려되어 있다.

까다로운 교사 자격

  핀란드 학교에서 교사는 자율적으로 수업을 주도한다. 수학이나 국어, 역사를 제외한 다른 과목은 교과서 없이도 수업이 가능하다. 교사가 수업의 기본방향을 연구하고 교과서 대신 다른 방법으로 수업을 이끌어갈 수 있다. 학교는 교장 선생님 철학에 따라 각각 특색 있는 학교 교육 방침을 갖는다. 핀란드에서 교직은 대단히 영광스러운 직업이다. 핀란드에서 교사는 존중 받는 위치에 있으며 많은 젊은이들이 희망하는 직업이다. 하지만 선생님이 되기 위해서는 수준 높은 교육과정과 실질적인 경험의 시간들이 필요하다. 사교육이 허락되지 않는 나라에서 교사의 길은 그만큼 막중한 책임과 의무가 따른다. 교사들은 자발적으로 수업 방법을 연구하고 융통성 있는 수업 형식을 취한다. 아이들을 지도하는 입장에서 스스로 다양하고 깊이 있는 교양과 실력을 갖추어야 한다.

  핀란드에서 교사는 기본적으로 석사과정을 이수한 후 수년간 실제 교육 현장에서 경험을 쌓는다. 어린이 교육에서 무엇보다 중요한 점은 교사들이 어떤 마음으로 어떻게 교육하는가이다. 교사가 되려는 사람들은 어릴 때부터 다른 사람을 배려하는 관대한 성격의 소유자로서, 스스로 교육자가 되려는 생각을 가진 사람들이 교육대학에 지원한다. 교육대학 지원 과정에는 엄격한 기준이 적용된다. 인터뷰를 통해 교사

아이들 앞에서 늘 미소 짓는 교사 띠나와 시르꾸의 모습. 호기심 넘치는 아이를 한 명이라도 놓치지 않고 눈맞추며 응대하는 교사의 모습에서 깊은 신뢰감을 보았다.

가 될 만한 인성을 가졌는지 시험을 통과해야 교육대학 입학이 결정된다. 핀란드 교사들은 전공과목 이상으로 다양한 분야에서 대처 능력이 탁월하다는 이야기를 자주 듣는다. 어릴 때부터 다양한 분야에 관심을 갖고 경험하면서 어떤 상황에도 스스로 대처할 만한 독립심을 기르기 때문이다. 교사는 학생들에게 단순히 지식만을 전달하는 사람이 아니다. 친구처럼, 따뜻한 부모처럼 그리고 사회 선배로서 창의적인 환경을 만들어주는 모습에서 핀란드 교육의 미래를 보게 된다.

소수자를 배려하는 교육

학교를 방문하면서 핀란드가 기독교 국가로서 다른 종교를 가진 사람들을 어떻게 대하는지 궁금했다. 학교에서는 일주일에 한 번 종교 공부를 한다. 이슬람교, 러시아 정교 혹은 세계 여러 나라에서 이주한 아이들이 어떤 종교를 가졌든 그 아이가 자신이 믿는 종교에 관해 더 공부할 수 있도록 기회를 제공한다.

한 초등학교를 방문했을 때 마침 종교 수업을 경험한 적이 있다. 많은 아이들이 강당에 모여 있었는데, 한 아이는 따로 마련된 미팅 룸에 있었다. 이슬람교 종교를 가진 아이를 위해 이슬람교 관련자가 특별히 학교에 초대되었다. 소수자를 배려하는 교육제도 속에서 이슬람교를 믿는 아이를 위해 따로 수업 기회를 마련해 주고 있었다.

핀란드 교육에서는 다른 나라에서 이주한 사람들의 자녀가 학교에 잘 적응하도록 배려한다. 이주자 자녀들이 지금 당장 핀란드 역사를 알지 못하고 문화가 다르더라도 미래 핀란드에서 살아 갈 아이들이기에 각별한 관심을 기울인다. 다른 핀란드 아이들과 섞여 지낼 수 있도록 평등하게 대한다. 이주자 자녀들에게도 평등한 공부 기회를 주는 것이 핀란드 공교육이다. 다음 세대를 위한 이와 같은 동등한 교육은 핀란드를 포함한 북유럽 국가들이 공통적으로 실천하고 있다.

쾌적한 학교환경

학교생활에서 아이들에게 공부보다 더 중요한 것은 건강하고 독립적이며 주변 친구들과 잘 어울릴 수 있는 환경을 조성하는 일이다. 쉬는 시간에 친구들과 어울리고 뛰어노는 일 역시 중요한 수업의 연장이다. 학교 수업은 45분 수업과 15분 휴식을 엄격하게 지킨다. 교실 안에서 45분 수업을 마친 다음 휴식시간 15분 동안 아이들은 반드시 교실 밖으로 나가야 한다. 신선한 공기를 마시며 교실 밖에서 쉬거나 친구들과 노는 시간 역시 수업의 연장으로 본다. 15분 휴식의 원칙은 비가 오나 눈이 오나 날씨와 상관없이 꼭 지킨다.

아이들은 교실 밖에서 신선한 공기를 마시며 에너지를 발산한다. 15분 휴식 시간은 핀란드 모든 학교가 반드시 지켜야 하는 규정이다. 교사 시르꾸와 띠나는 때로 두 과목 수업을 합쳐 90분간 수업하고 30분간 아이들이 운동장에서 맘껏 즐기도록 시간을 조정한다. 90분 수업은 만들기(공예)나 악기를 연주하는 음악 수업과 같은 자유롭고 지루하지 않은 과목이다. 아이들이 교실 밖에서 쉬는 시간을 보내는 동안 교사들은 다음 수업을 준비하고 교실을 환기시킨다. 아주 특별한 경우를 제외하고는 쉬는 시간에 어떤 아이도 교실에 남아 있지 않다. 아이들이 뛰어노는 학교 주변은 흙과 잔디와 바위, 자갈 등의 자연환경이 최대한 유지되고 있다.

휴식 시간에 밖에서 맘껏 즐기고 들어온 아이들은 더러워진 손을 깨끗이 씻고 다음 수업시간을 준비한다. 교사가 큰 소리를 낼 필요 없이 아이들은 스스로 자신과 주변 환경의 청결을 돌보며 생활하고 있었다. 좋은 환경을 만들어주는 것도 중요하지만, 좋은 환경이 계속 유지되도록 사용자의 태도를 가르치는 일 역시 어릴 때부터 가정과 학교에서 일관되게 실천으로 이어간다. 아이들의 학교 활동과 참여 범위는 학교마다 다르다. 교장, 교사의 철학과 수업 방법에 따라 학교는 다르게 운영된다.

쉬는 시간을 밖에서 보내고 돌아온 아이들. 청결한 생활이 몸에 배어 있다. 아이들이 드나들며 수시로
사용할 수 있도록 배려한 학교 시설 역시 수업 환경에 영향을 미친다.

교사 시르꾸가 진행하는 음악 수업. 아이들이 피리 부는 방법을 익히고 함께 연주한다. 시르꾸는 교직을 수행하면서도 꾸준히 새로운 악기를 배워왔다고 한다. 시르꾸는 예술 수업을 흥미롭게 이끌어가기 위해 다양한 악기를 연주하며 아이들 호기심을 자극한다.

교실 한쪽에 교사의 책상이 놓여 있다. 컴퓨터 한 대와 간단한 수업 노트 그리고 필통 하나가 전부다. 학교에 교무실은 따로 없다. 모든 교사는 교실 한쪽에 책상을 두고 방과 후 수업 내용을 컴퓨터에 담는다. 교사는 보고서나 서류 작성 등으로 시간을 낭비하지 않는다. 아이들을 위한 책임과 의무를 다하는 데 집중한다. 모임을 가질 때나 손님이 오면 교사들은 따로 마련된 교사 휴게실을 이용한다. 교사 휴게실은 커피를 마시거나 간단한 부엌 시설을 이용할 수 있는 쾌적한 환경이다.

음악 수업에서 교사가 드럼을 치며 레게 음악을 연주한다. 아이들은 손 박자로 레게 리듬을 타고 있다. 교사는 아이들이 다양한 장르의 음악을 이해해야 한다고 했다. 학교에서 아이들은 크고 작은 밴드를 결성하며 음악을 즐긴다. 각종 예술 장르를 연계하는 통합적 사고의 경험을 통해 생활에서 즐기는 음악으로 발전한다. 대부분의 핀란드 사람들은 다양한 악기를 다루고 연주하는 일상을 이어간다. 그 배경은 학교 음악 수업의 유연하고 다양한 방법에 기초하고 있다.

수업이 끝난 후 아이들이 호기심 어린 눈으로 교사 시르꾸에게 다가갔다. 새로 바뀐 목걸이가 궁금하다며 다가온 아이들에게 잠시 자신의 몸을 맡기는 교사. 아이들은 목걸이를 만지며 어떤 재료인지, 어디서 왔는지 질문이 쏟아진다. 호기심 많은 아이들에게 친절하게 몸을 내어주는 엄마 같은 모습이다.

학교 공간 디자인에서 가장 중심을 이루는 식당이다. 벽면과 연결된 무대 커튼을 열면 공연장이 된다. 무대 공연이 있는 날 식당은 극장 같은 자리배치가 되고, 2층에서도 관람할 수 있다. 아이들의 예술을 기반으로 한 수업 내용을 발표하는 장소가 된다. 무대 안쪽에는 악기를 다루며 음악 수업 하는 공간과 연결되어 있어 발표할 때 먼 곳에서 악기를 운반하지 않아도 된다. 아이들은 무대를 자유롭게 오가며 실용적인 예술 수업을 즐긴다

교실 중간에 있는 유리벽을 열면 두 반이 합반할 수 있다. 투명한 유리벽을 두고 반이 나뉘기도 하고 합쳐지기도 한다. 교실 벽면엔 스마트보드와 전통적인 칠판이 함께 설치되어 있다. 띠나와 시르꾸 두 교사는 움직이는 유리벽을 사이에 두고 반을 합치고 나누며 변화 있게 수업을 진행한다.

교실 입구에는 겉옷을 벗어 두는 장소가 마련돼 있다. 두꺼운 옷과 짐은 각자 주어진 옷걸이와 수납장
에 보관한다. 실내 공간에서는 쾌적한 환경을 유지한다.

45분 수업 15분 쉬는 시간은 교사와 아이들아 학교에서 지켜야 할 규칙이다. 어떤 계절, 날씨와 상관 없이 쉬는 시간에 누구도 교실에 남아 있지 않는다. 쉬는 시간은 다음 수업 준비를 위해 비우고 새로운 공기를 담는 시간이기 때문이다.

눈이 오면 학교 운동장은 눈썰매장으로 변한다. 교사와 아이들이 함께 눈썰매를 끌며 즐긴다.
휴식시간은 아이들에게 중요한 수업의 연장선이다.

학교는 사회를 연습하는 곳이다

가정과 사회, 학교가 연계되는 실용적인 교육

학교 현관에서 두 아이가 어떻게 학교를 방문했는지 수줍게 물었다. 아이들은 내가 2층 교사 휴게실로 갈 수 있도록 안내했다. 교사들과 미팅을 마친 다음 학교 식당에서 식사를 하면서 보니 두 아이는 식당 청소일을 돕고 있었다. 교사에게 두 아이에 대해 물었다. 매일 하루에 두 명씩 아이들 자원봉사 프로그램을 운영하고 있다고 했다. 당번이 된 아이들은 현관에서 학교를 방문하는 사람들을 안내하고 다른 아이들이 필요한 일을 도와준다. 식사시간이 끝나면 자리를 정돈하고 청소하는 사람들을 돕는다.

청소를 마친 두 아이와 잠시 이야기를 나누었다. 아이들은 수업에 들어가는 일보다 봉사하는 일이 더 즐겁다고 했다. 청소까지 마치고 청결한 식당 모습을 둘러보면 자랑스럽다고 했다. 자원한 아이들은 학교 수업에 들어가지 않아도 된다. 학교에서는 아이가 스스로 경험하면서 배운 시간을 더 가치 있게 인정해 준다. 봉사시간을 점수로 환산하는 일은 없다. 봉사는 아이들 스스로 경험을 쌓는 일이라서 누구도 아이가 몇 시간을 봉사했는지 확인하지 않는다. 학교에서 경험한 작은 봉사를 통해 언젠가 사회에서 또 다른 봉사 활동을 이어가도록 격려하기 위한 취지의 프로그램이다. 이러한 아이들 자율활동 프로그램은 교육기관의 교육지침을 따르는 것이 아니다. 학교마다 다른 환경에서 다른 콘셉트의 프로그램을 자율적으로 운영한다.

만들기 수업은 그룹의 의견이 담긴 이야기를 전개하면서 친구들과 서로 의논하고 협동하며 완성해 가는 공동작업이다. 미술 시간에 아이들은 주로 재활용 재료를 사용하며, 만드는 과정 속에서 서로 다른 의견을 존중한다.

학교에는 생활에 필요한 도구들이 다양하게 갖추어져 있다. 학교에서 아이들은 일상에 필요한 도구를 사용하며 배운다. 음식을 만들어보고 재봉틀과 목공 도구 등을 안전하게 사용하는 방법을 익힌다. 학교과정에서 익힌 실습이 가정과 연계되도록 실질적인 교육이 이루어진다.

크리스마스 쿠키를 만들기 위해 아이들이 밀가루 반죽을 하고 있다. 반죽을 밀대로 밀며 다양한 모양을 낸다. 오븐에서 구운 쿠키는 쟁반에 수북이 쌓여 테이블로 옮겨진다. 크리스마스가 다가오면

교사와 아이들이 전통 크리스마스 쿠키를 굽고 나눈다. 가사 수업은 아이들이 가정에서 가족을 돕고 생활하도록 실습하는 현장이다.

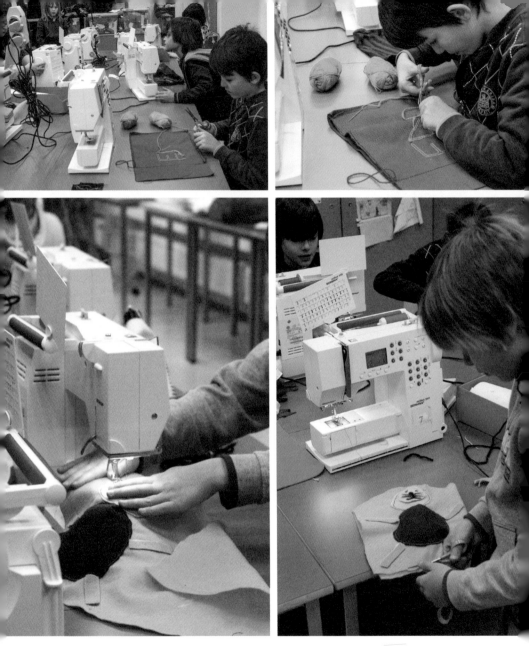

가사 수업 바느질 시간이다. 남녀 상관없이 아이들은 재봉틀 앞에서 만들기에 몰두하고 있다. 재단하고 수를 놓고 손바느질로 마감하는 과정까지 누구도 참견하지 않는다. 아이들 스스로 계획하고 각자

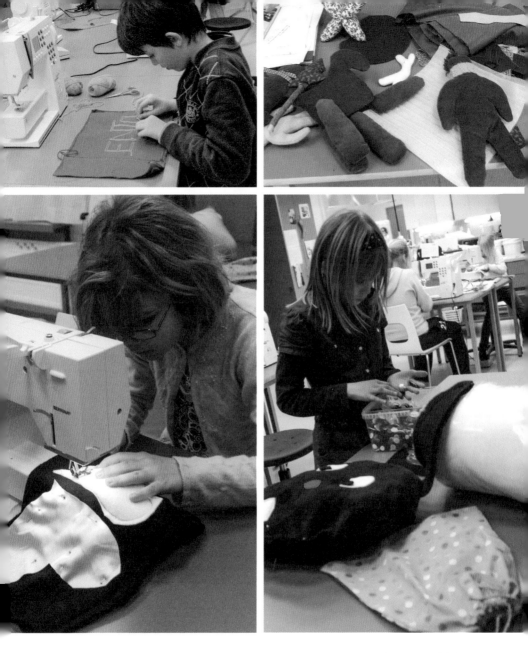

다른 아이디어를 발전시키는 과정에서 교사와 상의한다. 아이들이 각자 모자 디자인을 스케치한다.

천을 선택하고 직접 바느질해 모자가 완성되었다.

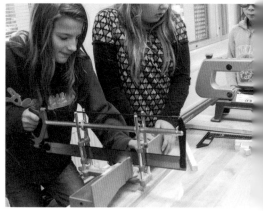

핀란드 학교는 기본적으로 수준 높은 목공 시설을 갖추고 있다. 3학년이 되면 실제로 목공실에서 모든 공구와 기계를 다루는 방법을 배우고 실습한다. 전문교사의 감독하에 안전하게 기계 다루는 교육이 이루어진다. 어릴 때부터 자연에서 경험하며 자란 아이들은 도구를 다루며 작업하는 데 두려움을

느끼지 않는다. 아이들은 도구 다루는 방법을 익히며 점차 흥미를 갖는다. 목공 도구나 나무 다루는 일은 핀란드 생활에서 모두에게 유용하다. 나무를 다루는 작업 공간은 언제나 청결해야 한다. 도구를 사용하지 않을 때는 반드시 제자리에 놓는 습관도 익힌다.

겉모습으로 판단하지 않는다

초등학교 수업이 끝난 후의 쉬는 시간이었다. 아이들이 학교 운동장에서 뛰어놀고 있었다. 운동장 한쪽 구석에 모여 있는 아이들에게 시선이 갔다. 유난히 눈 화장에 신경을 쓴 듯한 아이가 눈에 뜨인다. 호기심에 그 아이들이 모인 곳으로 가까이 갔다. 6학년이라 했다. 다른 아이들에 비해 정성들인 눈화장이 돋보였다. 아이는 또래 아이들과 다름없이 명랑했지만 나와 대화하는 동안에는 아주 수줍어했다.

학교 수업이 끝나고 돌아오는 길에 담당교사를 만나 눈화장을 한 아이 이야기를 했다. 교사는 나의 질문에 대수롭지 않다는 표정이었다. 전혀 문제될 것이 없다고 했다. 자신도 그 나이 또래에 호기심으로 이러저러한 유행을 좇아 외모를 꾸미며 성장했다고 한다. 지금의 그 교사 모습에서는 상상이 되지 않지만, 어릴 때 펑크 스타일에 관심을 갖고 외모 변신도 꾀했다고 한다. 외모에 대한 관심은 아이들이 자라면서 누구든 한때 빠지게 되는 일이니 내버려둔다고 했다.

아이들의 겉모습 변화는 한창 성인이 되어가는 과정에서 자신의 신체 구조와 외모에 신경 쓰는 자연스러운 현상이다. 교사는 아이들이 스스로 자신의 모습을 발견하는 시기를 긍정적으로 이해해야 한다. 어른의 지나친 참견은 아이들이 개성을 찾아가는 데 방해가 된다. 언젠가 아이들 스스로 자신을 더욱 알게 되는 시간이 있을 것을 믿고 기다리는 것이다. 학생 신분으로 노출이 지나칠 경우 살짝 주의를 주는 정도라고 한다. 아이들이 자율적이고 자유롭게 자신을 표현하도록 지나친 관심은 두지 않는다. 아이들은 자신이 품고 있는 내면의 감성을 이러저러하게 스스로 표현하는 연습이 필요하다.

나의 관심은 선입견 탓이었을 것이다. 나 역시 한국 사회가 청소년을 판단하는 기준에 반항하는 입장이지만, 여전히 편견에 사로잡혀 있었던 것이다.

핀란드 사회에서는 사람을 겉모습으로 판단하지 않는 문화가 형성되어 있다. 학교와 가정에서 아이들이 다른 사람을 외모로 평가하지 않도록 가르친다. 대화하면서 외모에 대한 관심은 상대방을 당황시키는 일이다. 외모에 대한 판단 기준을 두지 않는다. 각자 개성을 나타내는 표현 방법에 대해 누구도 간섭하지 않는 사회 분위기다. 겉으로 드러난 모습으로 사람을 평가하는 기준이 없으니, 외모 같은 문제를 거론하는 일은 예의가 아니다.

겉모습으로 평가하지 않는다는 의미는 아이들의 다양한 개성을 존중하고 표현의 자유를 열어놓는다는 뜻이다. 성장하는 아이들을 규격화하지 않고 스스로 자신을 알아가도록 격려한다. 그렇게 자유로운 분위기에서 성장한 아이들은 사회에 나와 다른 사람을 겉모습으로 판단하거나 평가하지 않는 심성을 갖는다. 서로 다름을 인정하고 차별하지 않는 사회 분위기를 만들어간다. 내가 누릴 자유만큼 다른 사람도 존

노는 시간에 운동장을 누비는 아이들. 아이들이 맘껏 뛰어노는 학교 주변은 모래, 흙, 자갈 등 자연의 모습 그대로 유지한다. 핀란드 아이들은 어릴 때부터 남녀 구별 없이 흙에서 뒹굴고 도전적인 놀이를 즐기며 성장한다.

중하는 사회 분위기는 교사와 학생들 간에 보이지 않는 신뢰 속에서 자연스럽게 형성된다.

핀란드를 방문한 한국사람 중에는 간혹 거리에서 만나는 자유분방한 젊은이들을 보며 너무 쉽게 불량(?)하다고 말하는 사람들이 있다. 자유로운 옷차림과 펑크 머리 모양의 젊은이를 바라보는 판단 기준이 너무 일방적이다. 젊은이들의 그 자유로움 속에는 남에게 해가 될 만한 일은 들어 있지 않다. 그들 역시 다른 젊은이들처럼 이웃을 위해 자신을 낮출 줄 아는 청소년일 뿐이다. 불량하고 못생기고 미인이 아니라는 겉모습으로 판단하는 일방적 잣대로는 결코 그들이 가진 내면의 행복을 볼 수 없다.

자유로운 세상 질서를 만드는 근간에는 열린 마음으로 편견없이 아이를 바라보는 교사의 따뜻한 시선이 있다.

한국에 사는 핀란드 친구

한국에서 2년째 살고 있는 핀란드 친구 따이나. 한국 회사에서 일하게 된 남편을 따라 한국에서 생활하고 있다. 서울 근교에 살면서 대중교통을 이용하는 일에 이제 익숙해졌다. 그래도 여전히 낯선 문화에 적응중이다. 핀란드에서는 경험할 수 없었던 생활을 긍정적으로 생각하고 있다. 그는 큰 빌딩의 호화로운 쇼핑몰보다는 재래시장의 사람 사는 모습에 더 흥미를 갖는다. 한국의 명소들을 찾아다니며 한국 문화를 이해하게 되었고, 시간이 나면 남편과 등산, 캠프를 하며 한국의 자연을 즐긴다. 한국에서의 생활을 나름대로 행복하게 이어가고 있다. 차츰 익숙해져 가는 한국 생활 속에서 친구들도 생겼고, 시간을 쪼개 봉사 활동과 한국말 배우는 일도 게을리하지 않고 있다.

한참 만에 만난 친구는 이제 한국사람들이 주고받는 대화를 제법 많이 이해하고 있었다. 서로의 근황을 이야기하던 친구의 표정이 갑자기 어두워지며 최근 자신에게 고민 하나가 생겼다고 했다. 점차 한국말을 알아듣는 일이 즐겁지만 한편으론 불편한 일도 일어나기 시작했다는 것이다. 그동안 사람들의 대화를 이해하지 못해서 지나쳤던 일들이, 이제 그 이야기를 이해하고 보니 자신을 향한 불편한 대화였던 것이다. 길거리에서 혹은 버스 안에서 그가 지나칠 때마다 사람들이 자기 이야기를 하고 있다는 사실을 알아차렸다. 한동안 몰랐던 자신을 향한 한국사람들의 시선이 불편해지기 시작했다. 낯선 사람들이 그의 아래위를 훑어보며 지나가거나 얼굴을 빤히 들여다보는 일이 있는가 하면, 외모를 이야기하는 사람도 있었다.

며칠 전에도 버스 안에서 뒤에 앉은 여성들이 그의 생김새와 옷차림에 대해 이야기하는 소리를 들었다. 그러한 행동이 너무 당황스럽고 상처가 된다며 친구는 속마음을 털어놓았다. 그들이 자신에 대해 하는 말이 실망스러웠고 마음의 상처를 입었다고 했다. 자신을 알지 못하는 사람들이 어떻게 자신의 겉모습을 보고 평가할 수 있는지 믿기 어렵다고 했다. 한국말을 더 많이 알아들을 수록 주변 시선과 외모에 대한 평가의 불편함도 늘어만 갔다.

친구는 내가 한국에서 진행하는 예술교육 프로그램에 기꺼이 시간을 내어 동참하고 있다. 그녀는 나의 프로그램을 통해 한국에서 또 다른 문화를 접하고, 자신의 경험을 풍요롭게 할 수 있어 좋다고 한다. 프로그램을 진행하면서 그녀는 아이들과 언어 장벽을 뛰어넘어 프로그램을 공유하고 함께 나눈다. 그러는 가운데 깊은 감동을 전한다. 그녀를 초대해 프로그램을 진행하면서 나는 아이들에게 낯선 사람과 소통하는 방법을 배우고 서로 존중해야 한다고 이야기한다.

예술교육은 기술을 전달하는 것이 아니다. 예술교육 시간을 통해 아이들은 서로 다른 외모를 가진 사람들이 한울타리 안에서 공존하며 영감을 얻는 일이 얼마나 즐겁고 행복한지 경험한다. 어린이 프로그램에서 나는 그 어떤 포장된 언어로 친구를 소개하지 않는다. 이름과 오늘 함께할 친구는 핀란드 사람이라는 정도의 간단한 소개를 한다. 나머지는 아이들이 친구와 직접 마주치면서 경험해야 한다고 믿기 때문이다.

아이들 교육 프로그램에서 그 기대효과는 늘 만족할 만하다. 어른과는 다른 태도다. 어른들은 사람을 대하기 전에 많은 정보를 요구한다. 그 정보의 판단기준은 사람에 대한 선입견 위에 놓여 있다. 아이들이 얼굴색이 다르고 문화적 배경이 다른 사람을 대하며 먼저 알아야 할 것은 차별하지 않고 예의를 지키는 일이다. 그 가치는 아이가 작품 하나를 만들어내는 일보다 더 중요하다.

어린 시절 서로 존중하는 인간관계를 형성하는 사회에서 살아왔던 친구에게 한국 생활은 또 하나의 새로운 도전인지 모른다. 하지만 한국 문화에 흥미를 갖고 새로운 한국 친구들을 사귀면서 긍정적인 사고 방식을 갖게 되었다. 그동안 상처로만 생각했던 경험과는 다르게 한국 사회를 알아가고 있다. 한국 어린이들과 청소년 문제를 들여다보는 가운데 자신이 어린 시절 경험했던 배움과는 너무 다르다는 점을 깨닫게 되었다고 한다.

따이나는 어릴 때 평범한 다른 아이들처럼 친구들과 몰려다니며 흥미로운 일을 즐겼다. 하지만 유행을 좇는 일은 상상할 수 없었고 외모에는 관심을 두지 않았다. 옷을 잘 차려 입고 유명 상표에 관심을 갖기보다는 또래 친구들과 자연에서 더 많은 시간을 보냈다. 자신의 어린 시절을 떠올리던 친구는 한국 청소년들이 너무 상업성에 노출되어 있는 것 같다고 했다. 청소년들에게 노출된 상업성에 문제의식을 갖지 않는 것이 더욱 이상하다고 했다.

우리는 지금 환경을 바꾸어 생활하고 있다. 서로 다른 배경에서 성장했고, 그 다른 성장 배경을 바꾸어 경험하고 있는 셈이다. 그래서 우린 만나면 할 이야기가 많다. 공유가 가능할 때도 있고, 또 그렇지 않을 때도 있다. 중요한 것은 그녀가 낯선 땅에서 여행객으로 스쳐 지나가는 사람이 아니라는 점이다. 정해진 3년 기간을 연장할 가능이 있는 체류자로 한국 사회의 일원이 되어 살고 있다. 사회 구성원이 되어 다른 사람과 소통하고 존중하는 인간관계를 지향하는 일은 그녀가 실천하며 살아가도록 받은 교육 그대로다.

따이나는 약자를 돕는 일과 국제 교류를 위한 사회봉사에 관심이 많다. 남편의 직장 일로 따라왔기에 자신이 핀란드에서 일했던 전문가로서의 능력은 당장 발휘할 수 없다. 한국 체류 비자에 저촉되는 불법적인 일은 하지 않는다는 것이 그녀의 생각이다. 그래서 주변에서 쉽게 요청하는 영어 과외조차 하지 않는다. 어릴 때 배운 대로 그가 지키는 원칙은 정직하게 사는 일이다. 자신의 경제 상황에 맞게 절제하고 낭비를 줄인다. 한국 생활을 하면서 지금껏 자신을 위해 옷을 산 일은 단 한 번뿐이다. 핀란드에서 여러 해 동안 입고 다녔던 옷을 여전히 입고 다닌다는 그는 전혀 불편하지 않다. 주변에서 왜 똑같은 옷을 입고 다니느냐고 질문할 때마다 의아해할 뿐이다.

그녀의 시각에서는 한국 사람들의 패션 감각과 트렌드에 대한 열정은 눈이 부실 정도다. 하지만 외모를 꾸미는 일은 자신과는 아무 상관없는 삶이기에 어떤 동요도 일지 않는다. 옷이나 집안 장식품을 위해 지출하기보다는 여행과 공연 등 문화생활을 위해 아낌없이 투

자하고 즐긴다.

　한국 생활을 하고 있는 핀란드 친구의 시선을 통해 들여다본 단면이지만, 외모지상주의와 물질만능주의에 빠진 사람들이 많다. 그리고 차별의 벽 안에 갇혀 살고 있다. 겉모습에 대한 지나친 관심은 그동안 국제 프로그램을 기획하고 진행하면서 한국을 방문한 많은 친구들에게서 자주 듣던 공통의 화젯거리다. 북유럽 친구들은 대부분 자신이 몸담고 살아가는 나라에서 전문가로 인정 받으며 안정된 생활을 하는 사람들이다. 꾸미지 않고 검소한 그들 모습은 자신이 살아가는 사회에선 아무 문제가 되지 않는다. 하지만 한국에서 잠시 머무는 동안 늘 불편한 외모 평가가 뒤따랐다.

　친구들은 얼굴 생김새와 얼굴색, 머리 모양 그리고 옷차림에 대한 이야기가 왜 화제가 되어야 하는지 궁금해 한다. 친구들은 한국에서 늘 같은 종류의 질문이 공통적으로 등장한다는 사실에 더욱 놀라곤 한다. 아주 쉽게 겉모습으로 평가하고, 원하지 않는 충고를 들려주는 한국의 사회 분위기는 멀리서 온 친구들에게 당황스럽고 불편한 일임에 틀림없다.

스마트한 학교 공간

스마트한 학교 공간

새로운 학교 공간에 사용되는 가구는 설계 단계에서 건축가와 가구 디자이너 간의 긴밀한 논의로 선택되거나 제작된다. 학교 디자인 개념에 따라 공간을 살리는 특징 있는 가구는 완성도를 높여주는 것이기에 사전에 신중하게 검토된다. 가구회사는 자체 디자인 제작이 가능한 회사를 선택한다.

가구회사 디자이너와 건축가가 학교 디자인 개념에 대해 의논하는 과정에서 공간 개념이 발전된다. 서로 다른 전문 영역에서 만난 사람들이 아이들의 신체 활동과 심리적 정신적 공간에 대한 연구를 토대로 스마트한 학교 공간을 만들어낸다. 전문가의 창의적인 아이디어와 사용자의 요구라는 현실적인 문제 사이에서 최대한 실용적이고 합리적인 해결점을 찾는다. 문제를 해결하기 위해 단순하게 접근하는 이유는 어떤 복잡한 규정에 얽매이거나 상하관계로 일하는 시스템이 아니기 때문이다.

독립적 교육 시스템에서 교육에 대한 진심은 서로 통한다. 어떤 기구나 회사도 교육에 관련된 일에는 상업적으로 접근하지 않는다. 건축가나 디자이너와 같은 전문가를 신뢰하는 배경에는 그들 역시 신뢰받는 학교 생활을 경험했기 때문이다. 학교 디자인에서 전문가들은 마치 자신의 일처럼 즐겁고 행복해 한다. 스트레스를 가질 필요는 없다. 학교를 짓는 일이기 때문이다. 행복한 공간을 만드는 일이기 때문이다. 어릴 때 경험했던 행복한 공간에 자신의 아이디어를 더하는 일은 얼마나 기쁜 일인가! 학교 공간을 짓는 사람들 사이에서 느끼는 감정은 객관적이고 냉철한 판단력으로 교육공간을 혁신적으로 만들어가는 일이다.

핀란드에서 가장 규모 있는 가구회사 이스꾸ISKU는 여러 학교와 협력 파트너로 학교 가구를 제작한다. 실용적이고 품질 높은 가구를 생산하는 회사 제품이 설치된 학교 공간을 따라가 보았다. 이스꾸의 가구 디자이너자 아트디렉터는 학교 공간 개념에 따라 학교 공간에 필요한 모든 가구의 디테일까지 디자인하고 제작하는 일을 감독한다. 다양한 학교 공간에서 사용할 가구는 오랜 경험을 축적한 회사 시스템을 통해 친환경적이고 실용성과 미적인 요소를 갖춘 가구로 제작된다. 건축가의 설계와 상상은 실질적으로 제작 가능한 인테리어 시스템을 가까이 두고 있기에 가능하다. 북유럽 사람들의 교육 환경에서 이루어진 이러한 상호 협력 시스템은 지속가능한 디자인 철학의 바탕 위에 서 있다.

(왼쪽) 가구회사 이스꾸는 학교 설계 단계부터 공간 개념에 맞는 가구 디자인 협력 과정에 참여하였다. 도서관에서 아이들은 함께 모여 정보를 교환하고 책을 보기도 한다. 아이들이 함께 모여 소통 가능한 개념의 가구.

(위) 수업에서 외우는 과목은 없다. 게임처럼 이해하고 흥미롭게 알아가는 과정이다. 학교 공간은 교실과 복도를 따로 구분하지 않고 유연하게 사용한다.

학교 현관 로비. 아이들이 드나들며 자유롭게 이용하는 공간. 이스꾸 가구회사에서 제작한 가구 끼비 꼬가 놓여 있다. 폐자재를 사용하여 친환경적으로 가공 제작한 가구다. 다양한 연령층을 대상으로 한 가구는 하나씩 독립적으로 사용하거나 그룹 형태로 사용할 수 있다.

(위) 수업 후 아이들은 복도에 놓인 탁구대 앞으로 모인다. 에너지 넘치는 아이들은 학교 공간 곳곳에서 친구들과 만나 즐거운 생활을 보낸다.

(아래) 추운 겨울에 아이들은 건물 밖에서 즐기는 야외 스포츠를 더 좋아한다.

교사는 아이들이 지루하지 않게 수업을 자율적으로 이끌어 간다. 수업시간에 줄 맞추는 책상은 더 이상 없다. 테이블도 개별적으로 혹은 다양한 크기로 붙여서 사용하도록 디자인했다. 건축가는 학교를 설계하기 전에 가구 디자인 회사와 논의하고 협력한다. 만들어 놓은 기존 가구를 선택하기보다 학교 공간의 특성에 맞게 디자인하고 제작한다.

아이들은 더 이상 옛날 의자에 줄 맞추는 학교 생활이 어려운 신체 조건으로 변화하였다. 몸의 균형은 자유로운 생각과 제한 받지 않는 활동을 통해 정신적인 안정감을 갖도록 영향 받는다. 교사는 아이들 이 어떤 교실에서 행복해 하는지 안다. 교실이 바뀌는 일에서 무엇보다 우선하는 일은 자율성이다. 자 율성 안에는 분명한 신뢰감이 존재한다. 교사와 아이 간의 신뢰 관계에서 교실 풍경이 바뀐다. 교실 겉 모습을 바꾸기 전, 교사와 아이들 간에 존재하는 무언의 약속은 마음으로 소통하는 일이다. 눈빛 교환 만으로 아이는 교사를 신뢰한다. 핀란드 학교 디자인에 숨겨진, 매뉴얼에 담을 수 없는 철학이다.

이제 기록으로만 남겨진 옛날 방식의 교실 가구와 현대 교실 가구의 달라진 모습에서 어떤 수업이 이루어지는지 알 수 있다.

다용도실 전기선은 천장에 배치하여 공간 활용도를 높인다.

영유아 아이의 신체를 배려한 가구는 아이를 편하고 안전하게 돌볼 수 있다. 아이들은 방과 후 학교 공간을 탐색하며 친구들과 어울린다. 아이들 행동을 제한하지 않는 공간에서 아이들은 스스로 배운다.

한국에서도 이제 새로운 학교 공간에 대한 관심이 높아지고 있다. 스마트한 학교 공간 만들기는 단순 설계도면만으로 가능하지 않다. 스마트한 공간 만들기는 왜 필요한가? 진정 아이를 위한 공간인가? 아이들 공간을 위해서라면 무엇이 먼저인가? 어떤 경험을 바탕으로 한 건축가인가에 따라 설계 수준이 달라질 것이다. 어떤 시스템을 갖추었는가에 따라 전문가의 설계도면이 현실화될 것이다. 의뢰인과 전문가 사이의 소통을 통해 유연한 시스템으로 나아가기를 기대한다.

아이들을 위한 일인데 왜 늘 상처가 반복되고 미완성에 머물고 마는가? 전문가들은 공무를 담당하는 사람들의 책임 회피와 비대한 권위주의 시스템을 그 이유로 꼽는다. 그렇게 소모되는 에너지와 예산 낭비는 고스란히 아이들에게 돌려진다. 아이들을 위한 사업에서 본질은 무엇인가? 왜 어른들은 책임지는 일을 즐기지 못할까? 언제까지 우리는 사회의 불편만 탓하고 있을 것인가? 시스템에 대한 불만보다는 도전이 우선되어야 한다. 안 가본 길에서 도전은 충분히 용기 있는 일이다.

최첨단 시설을 갖춘 핀란드 가구회사 이스꾸는 회사 내에 학교 공간을 연구하는 전문팀을 따로 두고 있다. 북유럽의 교육 콘셉트가 달라지고 학교 공간이 바뀌는 시대에 단순히 비즈니스로만 접근하지 않는다. 가구 디자이너는 핀란드 전통가구에서 영감을 받아 최고 수준으로 디자인한다. 회사는 미래 아이를 함께 책임지는 사회적 합의에 따라 수준 있는 가구를 제작한다. 핀란드 전통을 이어온 디자인에서 나무와 재활용 재료로 만든 학교 가구는 기후변화와 환경을 고려하고 있다. 이스꾸 가구 공장에서 일하는 사람들은 모두가 핀란드인이며 쾌적한 작업 환경을 유지한다. 미래 세대를 위한 새로운 교육 콘셉트와 공간의 변화는 북유럽에서 다양한 분야의 전문가들이 열린 마음으로 협력하고 팀을 이루고 있기에 지속가능한 실천으로 이어진다.

세상에서 가장 좋은 학교

핀란드 건축박물관은 1900년대 핀란드 학교 건축과 2000년대 우수 학교 건축을 선정하여 2010년 가을 베니스 건축 비엔날레에서 기획 전시하였다. 핀란드의 학교 역사와 현대 건축의 흐름을 살피는 내용이다. 필자는 2013년 서울시립미술관 초청으로 '북유럽 건축과 디자인NORDIC PASSION' 전시 프로젝트를 기획 진행하였다. 핀란드 건축박물관과 협력해 진행한 내용의 일부를 여기 소개한다.*

핀란드는 10년 이상 OECD 학업성취도 평가에서 1위를 지켜온 교육 강국이다. 교육은 언제나 주변 환경의 영향을 받는다. 이번 전시는 핀란드의 학교 제도와 학교 건축의 변천사를 소개할 뿐만 아니라, 평등 사회의 주춧돌인 교육의 역할을 소개하기 위한 것이다.

핀란드 공교육은 모든 핀란드 학생에게 균등한 고등교육의 기회를 보장한다. 최근 핀란드 교육계에서는 연령 통합교육이나 특수교육 학생을 위한 통합교육이 새로운 흐름으로 떠오르고 있다. 학교를 설계할 때 사회적 상호작용의 증진을 중요한 요소로 고려하는 것이 새로운 추세이다. 저녁 시간의 여가활동이나 평생교육 프로그램을 위해 학교 건물을 사용할 수 있다.

*자료제공: Museum of Finnish Architecture.

학교 디자인이 변하고 있다

학생들이 나란히 줄 맞춰 놓은 책상에 앉아 교단에서 강의하는 선생님 말씀에 귀기울이는 모습은 권위주의 전통교육 체계에서 흔히 볼 수 있는 교실 풍경이다. 핀란드는 1970년대부터 보다 유연한 대안교육의 필요성을 인식하기 시작했다. 1990년대부터는 교육 방식이 본격적으로 다양해지기 시작했다. 이러한 교육 방식의 변화와 학교 건축기금 규제 철폐 등의 영향으로, 핀란드 건축계는 현대 학교에 적합한 공간 설계를 고민하게 되었다.

핀란드는 모든 국민에게 무상교육 서비스를 제공한다. 국민은 누구라도 무상으로 교육 받을 권리가 있다. 핀란드가 얼마나 교육을 중시하는지 알 수 있다. 교육을 민주주의와 복지국가의 기둥이자 사회경제 발전의 중추로 여기기 때문이다. OECD는 2000년대 들어 전세계 학생을 대상으로 사회 구성원으로 성장하는 데 필요한 지식과 기술의 습득 정도를 평가하는 국제학업성취도를 조사하였다. 핀란드 학생들은 과학, 수학, 읽기 능력 등 모든 부문에서 수위를 차지했다.

학교는 이처럼 객관적으로 측정할 수 있는 지식과 기술 외에도, 사회 통합이라는 관점에서 학생들이 인생을 살아가는 데 필요한 다양한 지식과 기술을 가르친다. 전시에 소개된 핀란드의 한 학교는 "인생에 필요한 지식과 기술 교육, 성인 교육, 평생 교육을 우선순위에 따라 학

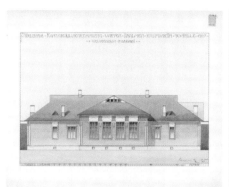 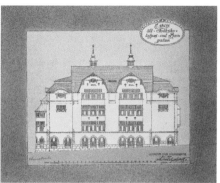

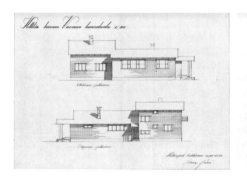 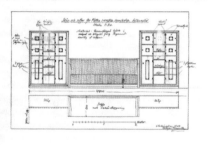

19세기 학교 건축.

생들에게 제공" 하는 것을 사명으로 삼고 있다.

오늘날의 학교 건물은 투명하고 유연하고 열려 있는 공간을 추구해야 한다. 새로운 학습 방법은 학교 건물 설계를 새로운 수준으로 이끌고 있으며, 홈룸(학과목 시간 외에 교사와 학생들이 생활하는 공간), 소수의 학생들이 모이는 공간, 워크숍, 자율학습 및 실습 공간 등 학생 중심의 공간을 필요로 한다. 동시에 학교 건축은 경제적 운영적인 측면에서 유지 관리가 효율적이어야 한다.

학교는 단순히 학생과 교사들을 위한 공간에 머물지 않는다. 수업이 없는 주말이나 저녁에는 다양한 여가활동이나 회의 장소로 사용된다. 오늘날의 학교는 지역의 주요 공공건물인 동시에 우리를 둘러싼 일상적인 건축 환경에서 매우 중요한 부분을 차지하고 있다.

핀란드 건축은 건물과 주변 환경의 상호작용을 매우 중요하게 고려한다. 새로운 주거단지에 위치한 학교는 눈에 잘 띄고 장난기가 넘치기도 한다. 반면 구시가지의 학교들은 외장재 등을 활용하여 오랜 역사를 간직하고 있는 주변 환경과 시각적 조화를 추구하는 경우가 많다. 또한 건물 외관과 내부 레이아웃을 통해 교육철학을 담아내기도 한다. 최근에는 차가운 금속 재질 위에 따뜻한 나무를 덧대거나 유리 건물에 눈에 띄는 색상을 추가하는 등의 강력한 설계를 선호하는 추세다.

오늘날 학교는 다양한 학습 상황에 맞춰 유연하게 사용할 수 있는 공간을 제공한다. 예를 들어 학생들은 작은 홈룸에서 보다 넓은 학습 공간으로 옮겨 서로 토론하거나 공동작업을 할 수 있다. 건축가는 첨단기술과 장치를 사용하여 새로운 방식으로 학습 과정을 지원하고, 딱딱한 책걸상 대신 인체공학적 워크스테이션과 편안한 의자 등 다용도로 사용할 수 있는 가구를 배치한다.

오늘날 학교는 교사와 학생의 공동 작업 공간으로 인식된다. 학교는 혼자 조용히 공부할 수 있는 공간과 여럿이 모여 토론하거나 친구들과 어울려 휴식을 취할 수 있는 공간을 모두 제공해야 한다. 기본적으로 학교 건물은 각각의 기능에 맞춰 구역이 나뉘어 있고, 거리와 광장이 그들 나뉘어진 구역을 연결하고 있어 하나의 마을과 유사한 구조를 가지고 있다. 큰 학교의 경우에는 공간과 방향을 조율하기 어렵기 때문에, 건축가는 설계도와 시각적 레이아웃을 명확히 해야 한다.

어린 학생들은 인격 형성기의 많은 시간을 학교에서 보내게 된다. 잘 설계된 학교 건물은 그 자체로 학생들의 교육적 경험이 된다. 건축의 가치를 이해하고 통찰력을 기르며 감사하는 마음으로 배울 수 있는 교육 기회를 제공한다.*

*Sirkkaliisa Jetsonen.

스트룀베르그 학교

스트룀베르그 학교Strömberg School는 원래 공업단지에 자리 잡은 기술대학으로 1960년대에 지어졌다Risto-Veikko Luukkonen 설계. 하지만 공업단지가 인구 3천 명 정도의 저층 아파트 단지로 바뀌면서, 1990년대에 250명의 학생을 수용할 수 있는 주간 보육 센터와 초등학교로 바뀌었다. 건물은 층수가 낮고 좌우로 긴 구조이며, 창문이 수평으로 설치되어 있다. 또한 전형적인 1960년대 학교 설계에 따라 복도를 사이에 두고 좌우로 교실이 길게 배치되어 있다.

지금은 원래 있던 벽을 철거하고 유리벽을 설치해 보다 밝고 열린 공간으로 바뀌었다. 동시에 햇볕이 충분히 들어오도록 채광창을 넉넉하게 설치했으며, 쌍으로 배치되어 있는 홈룸 사이에도 이동식 유리 파티션을 설치했다.

비키 교사 훈련 학교

비키 교사 훈련 학교Viikki Teacher Training School는 초등학교, 중학교, 고등학교 과정으로 구성되어 있다. 비키 학교는 헬싱키 대학 사범대 소속으로 미래 교사를 양성하는 학교다. 학생은 모두 940여 명이고 교사는 360여 명에 이른다. 초등학교와 중학교 학생들은 모두 학교 인근에 거주하지만, 고등학생들은 도시 전역에서 통학하고 있다. 미래 교사 양성을 위한 이 학교는 명망이 높고 입학 기준이 엄격하다.

핀란드 학교는 대부분 단순한 구조로 설계되어 있다. 비키 학교의 건물 중앙에 위치한 긴 통로를 따라 내려가면 넓은 도서관과 식당이 나온다. 건물 북쪽에는 체육관과 강당 같은 규모가 큰 시설이 위치해 있다. 저학년 교실은 홈룸 구역에 모여 있으며, 고학년 교실은 공동으로 사용하는 휴게실 주변에 과목별로 나뉘어 있다. 건물 서쪽 끝은 고학년이, 동쪽 끝은 저학년이 사용한다.

유치원도 동쪽 건물 끝에 위치해 있다. 건물 서쪽과 동쪽에는 별도의 교문과 운동장이 설치되어 있다. 화려한 색상의 건물 외관이 눈길을 끌며 창문은 리드미컬하게 배치되어 있다. 2000년대 초 선호하던 건축 양식의 전형을 보여준다.

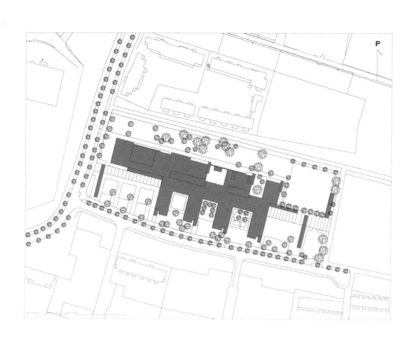

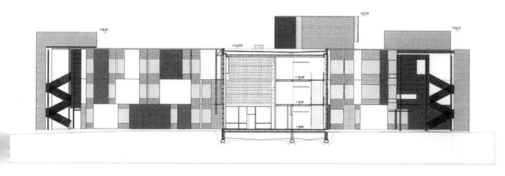

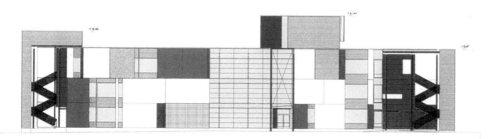

히덴키비 학교

헬싱키는 모든 학교를 설계할 때 교육학 전문가의 자문을 받도록 규정하고 있다. 히덴키비 학교Hiidenkivi Comprehensive School는 교장과 교 감이 교육학 전문가로 설계 과정에 참여했다. 학교는 약 800명의 학 생을 수용할 수 있을 정도로 크고, 특수교육 대상학생이 일반 학생들 과 함께 수업을 받고 있다. 1960년대 핀란드에서 유행했던 학교 건축 양식에 따라 공동 휴게실을 중심으로 교실이 모여 있으며, 저학년 홈 룸은 1층에, 고학년 강의실은 지하에 위치해 있다.

과목에 따라 다양한 방식으로 수업이 진행되며, 상황에 맞춰 책상 을 다양하게 배치할 수 있다. 각 홈룸은 그룹 활동에 맞춰 공간을 확대 할 수 있도록 설계되었다. 어린 학생들의 인내심을 기르고, 상호작용 능력을 향상시키기 위해 다양한 그룹 활동이 진행된다. 색상은 중립과 조화에 초점을 맞추어 빨강색으로 액센트를 주었으며, 식당 벽은 해록 색이 들어간 합판으로 마감했다.

©Jussi Tiainen

©Jussi Tiainen

사카린매키 학교

사카린매키 학교Sakarinmäki School는 인구가 많지 않은 반농업 지역에 위치한 교육 단지이다. 핀란드어, 스웨덴어로 각각 수업하는 2개의 학교와 주간 보육 센터, 교구 센터, 도서관으로 구성되어 있다. 2개 학교는 7세~16세(1학년~9학년)의 학생 350명을, 주간 놀이방은 취학 전 아동 100명 정도를 수용하고 있다. 평일 저녁과 주말에는 건물을 다양한 여가활동과 협회 회의, 성인 교실, 음악 레슨, 어린이 클럽 등에 사용한다. 학교가 시민 센터의 기능도 함께 수행하고 있는 것이다.

교육 단지는 일명 '헛간'이라 불리는 5개 날개 모양의 건물로 구성되어 있다. 2개 학교와 주간 보육 센터가 각각 하나씩 총 3개를 사용한다. 나머지 2개 건물에는 체육관과 식당, 교무실이 위치해 있다. 5개 날개 모양의 건물은 공동 식당으로 사용하는 유리 아트리움으로 연결되어 있으며, 아트리움 내부에는 핀란드 전통 사우나 스토브와 비슷한 벽난로가 설치되어 있다. 리드미컬하게 배치된 건물 기둥은 주변 숲의 나무 줄기를 연상시킨다.

요엔수 종합학교

요엔수 종합학교Comprehensive School in Joensuu는 극장, 시장, 미술관, 대학, 주요 공원 등이 밀집한 도시 중앙로 인근에 자리 잡고 있다. 구리 판넬 같은 고급 자재를 사용한 학교 건물은 도시를 대표하는 랜드마크 이자 공공건물로서의 정체성을 강조하고 있다. 건물 입구의 넓은 홀에 도 동일한 구리 판넬을 사용했다.

하지만 내부는 이와 반대로 밝은 생기가 넘쳐 흐른다. 또한 디자이 너 가구를 사용해 우수한 학교 수준을 강조했다. 학생 400명과 교사 40명 정도가 함께 생활하고 있는 학교는 풍차 모양으로 설계되어 있 으며, 누구나 쉽게 찾아갈 수 있도록 각 날개에 비슷한 계열의 교실을 배치하고 고유한 색상을 부여했다. 각 날개 사이에는 유리 출입구가 설치되어 있다. 날이 저물고 어두워지면 건물 중앙에 위치한 아트리움 이 환하게 빛나며 눈길을 사로잡는다.

엔테르 고등학교

시포 지역의 니킬래Nikkilä에 위치한 엔테르Enter는 약 400명 가량의 인문계 고등학생과 직업학교 학생들을 수용하고 있다. 거리를 향하고 있는 출입구는 작은 운동장으로 연결되어 있고, 정문과 연결된 휴게실은 학생들이 친구들과 이야기를 나누고 휴식을 취할 수 있는 공간으로 인기가 높다. 거대한 나선형 계단과 돔형 천장에 설치된 창문으로 들어오는 태양광은 환히 열려 있는 분위기를 선사한다.

목조 합판으로 처리된 휴게실 벽면 뒤에는 학생들의 로커가 숨어 있다. 학교에는 식당 대신 작은 카페가 있어 학생들은 인근의 오래된 학교 식당에서 점심을 먹는다. 핀란드는 1948년부터 무상 급식 정책을 실시하고 있으며, 인문계 학생과 직업학교 학생들 모두 무상 급식을 제공 받고 있다.

키르코야르비 학교

키르코야르비 학교Kirkkojärvi School는 2010년 여름 완공된 신축 건물로, 취학 전 어린이와 7세~16세(1학년~9학년) 학생 770여 명을 수용하고 있다. 학생 중 상당수는 이민자 자녀들이다. 이들은 핀란드어를 배우는 동시에 자국어로 수업을 받을 수 있다. 덕분에 학교는 2008년~2009년 32개 국어로 수업을 진행하기도 하였다.

다양한 연령 그룹이 사용할 수 있도록 실내·실외 시설이 기능에 따라 분류되어 있다. 각 교실 그룹은 전용 출입구와 통로를 갖추고 있다. 저학년 학생들이 사용하는 동쪽 건물은 곡선형 디자인으로 친근한 분위기를 선사한다. 운동장은 동쪽을 향해 있어 아침에 햇살이 따뜻하게 비춘다. 계절에 따라 분위기가 바뀌는 인근 언덕에서 다양한 야외·체육 활동을 진행한다. 규모가 큰 서쪽 건물과 운동장은 고학년 학생들이 사용한다. 두 건물 중앙에는 전교생이 이용하는 식당이 위치해 있다.

행복한 학교

행복한 학교 디자인

지금 핀란드 학교를 주목하는 이유는 단순히 학교 건물의 외형이나 특성 때문이 아니다. 학교가 바뀌어야 하는 이유는 시대적 흐름에 따라 더 이상 학교가 아이들을 가르치는 곳이 아님을 강조한다. 아이들이 학교에서 흥미를 가지고 스스로 배우는 환경을 조성하는 일이 학교가 변화하는 배경이다. 즉, 아이들 신체 발달과 정신적으로 행복한 균형감을 위해서 새로운 형태의 교육환경을 만들어 주는 것이다.

핀란드 사람들은 생활방식과 문화를 담은 교육에서 어떤 미래를 담아야 할 것인지 끊임없이 혁신적으로 연구하고 실천해 왔다. 핀란드는 독립적인 교육 체제에서 무한한 사고의 확장을 통해 오늘날 독특한 교육환경을 만들어 내고 있다. 그 변화에서 가장 크게 나타나는 현상은 학교공간이다. 학교의 변화는 핀란드만의 독특한 교육학적 사고를 바탕으로 한다. 단순히 외형만 변한 학교의 모습이 아니다.

학교는 더 이상 전통적인 교육 형태가 아니다. 교사와 학생의 관계 역시 다른 차원을 보여준다. 학교 환경은 어떻게 바뀌어지는가? 누가 어떻게 학교 환경을 만들어 가고 있는가? 그 의문을 가지고 핀란드 교사들과 이야기한 적이 있다. 그리고 핀란드 건축가, 교육자, 디자이너, 예술가들이 진지하게 토론하는 자리에서 그들의 대화를 지켜보며 그들이 얼마나 행복해 하는지 알 수 있었다.

행복한 핀란드 학교는 많은 전문가들의 연구와 노력이 행복한 실천으로 이어지기에 가능할 것이다. 전문가들 사이에 그 어떤 경쟁심도 보이지 않는다. 핀란드에서 학교 건축을 담당하는 건축가들은 정부가 제시하는 교육 방향을 충분히 이해하고 설계팀에 합류한다. 자유롭고 제한 없는 생각에서 행복한 공간을 창의적으로 설계한다. 학교 건축이 어떤 교육철학을 담아야 하는지 고민하는 수준 높은 건축가들에 의해 행복한 학교가 탄생한다.

가장 최근의 학교 디자인을 소개하기 위해 건축을 하는 친구 빠이비에게 연락했다. 그녀가 다니는 건축회사에서 헬싱키 도시계획의 일환으로 들어선 학교의 설계를 맡은 사실을 알고 있었다. 그녀가 다니는 JKMM 건축회사는 사회 행복을 위한 디자인을 통해 지속가능한 사회적 책임을 지는 일에 목표를 두고 있다.

그들이 보내준 최신 학교 자료를 전달 받았다. 사회 행복을 최고 지향점으로 둔 건축가들에 의해 설계된 행복한 학교는 과연 어떤 울림을 줄 것인가!

깔라사타마 학교

깔라사타마Kalasatama 학교와 어린이집의 장난기 넘치는 건물 외형은 현재 핀란드 학교가 어떤 교육학적 방향을 잡고 있는지 보여준다. 학교교육 시설은 최신 교육학을 지원하도록 설계되었다. 학교는 교육의 도구 그 자체다.

학교에서 전통적인 학생의 책상과 교실은 사라졌다. 핀란드 교육 방침은 이제 더 이상 교사가 교단 위에서 가르치도록 장려하지 않는다. 깔라사타마 학교는 학습에 대해 보다 상호적인 접근 방식이 가능하도록 물리적 형태를 부여하는 선도적인 사례 연구 프로젝트다.

전통 방식의 학습 방법은 얼굴을 마주하는 대면 상호 작용을 제한한다. 그리고 많은 어린이들이 이전만큼 신체 활동을 추구하지 않기 때문에, 어린이들에게 긍정적인 영향을 미치는 학습 방법의 필요성이 제기되었다. 따라서 교실공간에서의 이동성을 높이고 사회적 상호 작용을 지원하는 것은 아이들 의사 소통과 집중력을 향상시키는 성공적인 학습의 기본으로 간주된다.

그래서 학교는 화면이나 전통적인 칠판 기반 교육의 단일 초점에서 벗어나도록 설계되었다. 학생들이 그룹으로 모이고, 교사가 그룹 사이를 돌아 다니는 교실 형태다. 이러한 교육 모델을 수용하기 위해 가구를 재구성하고, 스터디 그룹을 구성해 아이들이 교실에 대한 소유

© Hannu Rytky

© Hannu Rytky

© Hannu Rytky

© Hannu Rytky

권을 갖고 생활할 수 있도록 공간이 설계되었다. 경쾌하고 인체공학적이며 쉽게 움직일 수 있는 가구가 핵심이다. 교육 시설과 가구는 다양한 기능을 수용할 수 있도록 설계되었으며, 학생들은 교육 내용에 따라 다른 시설 사이를 이동한다.

교실 인테리어의 전반적인 흐름은 일체감이나 연대감을 불러일으키는 건물 디자인 철학과 일치한다. 환경은 자극과 상호 작용을 장려한다. 공간 및 가구 솔루션은 학생들과 교사의 관계를 더 가깝게 만들고, 다양한 교육 상황에 맞게 수정할 수 있다. 칸막이벽을 열어 시설물을 쉽게 변경하고 결합할 수 있다. 학교 교육 시설은 최신 교육학의 기본 방침을 지원하도록 설계된다.

학교 교실은 두 개의 학습공간을 하나로 통합해서 사용할 수 있다. 공간에 배치되어 있는 모든 가구는 학교 건물과 교육학적인 필요에 의해 특별히 제작되었다. 학교 공간에는 기존의 테이블과 의자 외에 원형 좌석, 빈백, 체육관이 보완되었다. 다양한 가구들은 서로 잘 어우러져 다른 시설에서 사용할 수 있다. 학교 공간에 고정되지 않은 가구는 니까리Nikari와 아르텍Artek 가구를 포함하여 대부분 전형적인 핀란드식 가구다.

학교건물 2층 공유 공간은 아이들이 자유롭게 오가며 친구들과 게임을 즐기며 쉬거나 작은 그룹의 아이들이 학습하는 공간이 되기도 한다.

깔라사타마 학교와 어린이집은 친근한 공공 건물로 설계되었다.경쾌한 모습의 건물은 주변의 콘크리트 건물들 사이에서 확연히 눈에 띈다. 조각작품 같은 건물 모습은 도시의 랜드마크가 될 수 있도록 설계되었다. 건물은 두 단계로 완성되었다. 2016년 봄에 완공된 1단계에는 어린이집과 유치원, 건물 중

앙에 스포츠 시설과 매점이 있는 안뜰의 북동쪽 모서리 날개가 포함되었다. 2020년에 완공된 2단계
에서는 건물이 안뜰을 둘러싸도록 확장되었다. 700여 명의 학생이 이용하는 식당, 무대, 도서관, 그리
고 고학년 학생을 위한 학습 시설은 2단계로 완성되었다.

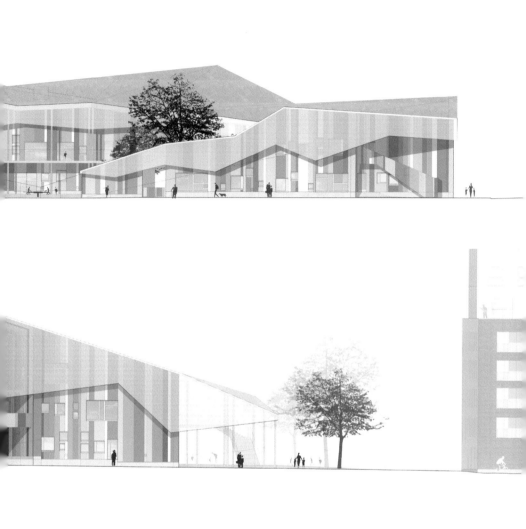

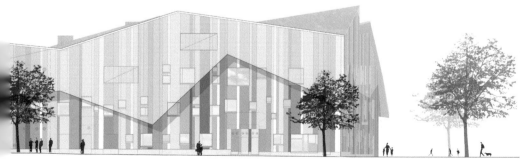

사우나라띠 어린이집

사우나라띠Saunalahti 어린이집 건물은 사우나라띠만 해변 근처의 지형적으로 건물이 들어서기 다소 어렵고 바위가 많은 장소에 위치해 있다. 설계 단계에서 주변 풍경은 동기부여가 되고 재료 및 색상 선택에 영감을 주었다. 건물의 주요 구조는 콘크리트로 지어졌다.

바다, 지구, 우주의 이미지를 담은 채광창이 각 단위별로 현관 입구까지 연결되어 있다. 놀이터는 안전하고 방해 받지 않고 매력적인 인공 경관을 형성하고 있다.

사우나라띠 어린이집 주변의 자연과 어우러진 창의적인 놀이터. 어린이집이 위치한 지역 주변에는 소나무로 덮인 언덕이 있다. 어린이집 건물은 자연스럽게 언덕의 경사면에서 이어지는 운동장을 사이에 두고 있다.

상상력을 자극하는 그림이 채광창 벽면에 그려져 있다. 핀란드 아티스트 아이모 까따야마끼Aimo Katajamäki의 작품이다.

©Robert Lindström

아이들이 있는 곳은 어디든 놀이 중심 공간이다. 사우나라띠 어린이집 중앙 로비에 놓인 튜브와 같은 가구는 아이들이 안전하고 쉽게 드나들 수 있는 놀이 공간이다.

©Robert Lindström

©Mika Huisman

(위) 품질 좋은 나무를 마감재로 사용한 사우나라띠 어린이집 스포츠 홀.

(아래) 그룹 활동을 위한 공간 벽은 아티스트 일로나 리스타의 음향 예술작업으로 마무리되어 있다.

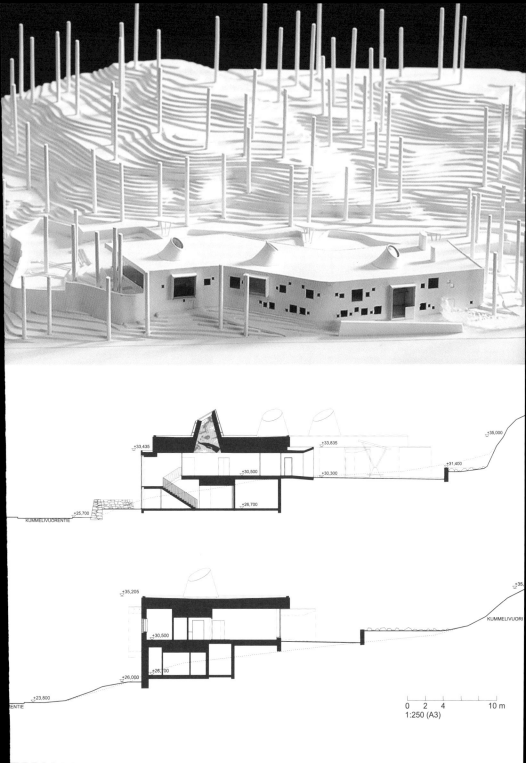

+35,000

+33,435   +33,835

+30,500   +30,300

+31,400

+26,700

KUMMELIVUORENTIE   +25,700

+35,205   +35,

+30,500

KUMMELIVUORI

+26,000   +26,700

RENTIE   +23,800

0   2   4   10 m

1:250 (A3)

디자인 나라를 만드는 공예교육

핀란드 디자인에 주목하는 이유를 질문하는 사람들이 많다. 난 핀란드 사회에서 공예와 예술 그리고 디자인이 일상적으로 사용되는 배경을 먼저 이야기한다. 핀란드나 북유럽 나라들은 어릴 때부터 손작업의 중요성을 일깨우며 정규 교육 과정에서 다양한 공예 아트를 경험하게 한다. 전통공예가 박물관 진열장 속 진열품으로만 남아 있는 것이 아니다. 현대 생활과 이어지는 공예 관련 프로그램을 통해 아이들은 전통 생활 방식을 체험하고 자연스럽게 공예 기법을 익힌다. 공예교육은 전통기법을 답습하는 것이 아니다. 기본 기술을 배우는 동안 아이들은 공예 기법을 배우며 현대 생활에서 변화하는 재료에 대해 생각하는 시간을 갖는다.

이 지점에서 우리가 분명 주목해야 할 부분이 있다. 북유럽의 공예 산업은 다른 산업 분야와 마찬가지로 '자연 상태 보호' '재활용 가능성'에 대한 깊은 관심 속에서 출발하였다. 핀란드와 북유럽 사회는 오래전부터 지구 온난화 현상과 기후변화를 우려하며 동시에 그 해결책을 모색해 왔다. 학교에서 진행하는 공예 예술 교육활동에서는 쓰레기를 최소화하고 재활용하는 생활태도를 익히며 실행하도록 격려한다. 아이들은 실생활에서 실천가능한 동기부여를 통해 기후변화를 일으키는 원인에 스스로 접근하며 사회적 이슈에 동참하게 된다.

북유럽 사람들에게서 발견되는 인간중심적인 사고방식과 자연인의 생활태도는 디자인에 배어들어 자연환경과 인간의 관계를 보다 기

능적이고 과학적인 사고방식으로 풀어낸다.

북유럽 디자인은 높은 윤리의식과 미적 감각, 그리고 고품질 재료
를 기반으로 한다. 수공예품을 제작해 온 오랜 전통을 디자인 작업 속
에서 살려내고 그 연관성과 가치를 존중한다. 북유럽 디자인이 세계적
으로 명성을 누리게 된 이유이다.

북유럽 디자인 제품에는 다른 산업화 국가에 비해 공예의 전통이

현저히 많이 남아 있다. 직접 손으로 물건을 만드는 전통이 사라지지 않고 남아 있다. 핀란드 사람들이 추구하는 공예품의 특성은 실용적이고 명확하며 간결한 형태다. 절제된 장식을 선호하고 최소한의 색상을 사용한다. 자연에서 영감을 받는다. 이런 공예의 특성은 현대 핀란드 디자인에 잘 나타나 있다. 핀란드인들은 실용적인 것이 아름다운 것이라는 개념을 지니고 있다.

19세기 말부터 산업 생산이 늘어나고 수입제품이 증가하면서 핀란드 공예 애호가들은 핀란드의 공예 전통이 사라지지 않을까 우려하였다. 이에 대한 대책으로 그들은 다양한 공예학교와 공예협회를 설립하였다. 또한 공예 보전의 중요성을 계몽하며 다양한 공예 관련 프로그램을 개발하였다.

그 결과 1860년대에 이미 핀란드는 초등학교 과정에 공예교육을 포함시킨 최초의 나라가 되었다. 20세기가 시작될 무렵 핀란드에는 전국에 걸쳐 수많은 전문적인 수공예 훈련기관과 학교가 생겼다. 그곳에서는 뜨개질, 자수, 목공예, 금속공예, 바구니 짜기, 스키 제조 같은 특수 기술을 가르쳤다. 그 후 응용예술 분야의 발달과 함께 핀란드 공예의 품질은 더욱 향상되었다.

1980년대는 공예가 예술의 한 장르로 자리 잡은 시기다. 공예가들은 공예품을 단순히 실용적인 물건이나 자신의 뛰어난 손재주를 과시하는 수단으로 부각시키기보다 예술성과 표현력을 더욱 강조하기 시작했다. 1980년대 말 어린이들에게 예술의 원리를 교육시키는 것을 목적으로 새로운 공예학교가 설립되었다. 1990년대는 핀란드가 '공예와 디자인의 나라' 라는 명성을 되찾은 시기다. 공예산업은 기술, 영업, 창업에 초점을 맞추게 되었다. 약 550만 명에 이르는 핀란드 인구 가운데 전문 공예가가 만여 명에 이르며, 국민의 절반 이상이 어떤 형태로든 공예를 생활화하고 있다.

핀란드는 기술 혁신의 사회로 탈바꿈해 왔다. 이 점은 핀란드인들의 문화와 교육 수준, 개인 및 사회의 기초를 형성하는 독특한 문화정체성에서 엿볼 수 있다. 핀란드인들은 물건 만드는 기술을 자기 것으로 만드는 노하우를 쌓은 다음, 그 기술을 완전히 이해하고 마침내 이익을 창출해 낸다. 예나 지금은 물론 미래에도 여전히 소망스러운 모습이다. 이를 위해 초등교육 기관에서 전문교육 기관에 이르기까지 계속적으로 공예교육을 실시한다.

예술이나 공예교육에서 가장 중요한 요소는 당연히 인간이다. 즉 인간의 심리적, 사회적 정체성, 환경과 인간과의 관계는 가장 중요하게 다루어야 하는 부분이다.

미래는 독창성, 창의성 등이 더욱 높이 평가되는 사회가 될 것이다. 또한 새로운 종류의 지식과 행동방식이 필요하게 될 것이다. 예술과 공예교육은 유연성과 개방성, 협동심을 기르는 프로젝트 작업을 강조한다.

핀란드 예술공예조합(Finnish Arts & Craft Organization)은 전국적인

공예 컨설팅 조합이다. 핀란드의 전통공예를 계승하고 지역 예술과 공예를 발전시키기 위해 설립되었다. 전국에 22개의 지역협회가 있으며, 각 지역협회는 부속 공예센터, 아동을 위한 공예학교 등을 자치적으로 운영한다.

1989년 아이들을 위한 최초의 공예학교가 예술 및 공예 부설기관으로 설립되었다. '어린이 공예학교'의 교육목표는 아이들이 자신만의 미적 성향을 찾아내고 사회성을 기르며 자신만의 재능을 표현하도록 장려하는 것이다. 교육과정은 예비학습, 기초학습, 응용학습으로 이루어져 있다.

핀란드 아이들은 학교 과정에서 나무를 다듬어 장난감이나 작은 물건을 직접 만들어 보며 성장한다. 공예교육이 의무화되어 있는 학교 과정에서는 나무를 다루는 손 작업에 큰 비중을 두고 있다. 이 과정에서 아이들은 도구의 기능을 이해하게 되고, 능숙한 솜씨를 지닌 어른으로 성장하게 된다. 핀란드의 목공 제품이 인정을 받고 우수한 디자이너들이 많은 이유는 어릴 때부터 나무와 친밀히 지낸 데서 비롯되었음을 알 수 있다.

핀란드 사람들에게 텍스타일 작업은 남녀노소 모두가 즐기는 일이다. 전통으로 내려오는 직조 기술을 답습하는 일이 아니다. 텍스타일의 기초적인 기술을 배운 후 각자의 취향과 용도에 맞는 재료를 찾아 응용한다. 엄격한 기술이 아니라 놀이처럼 배우는 공예 기법을 알아가는 아이들은 더욱 흥미를 갖게 된다.

전통 방식의 바구니 짜기를 응용한 현대 가구. 이스꾸Isku 제작.

주로 자작나무 껍질로 짠 바구니는 전통을 이어가는 사람들에 의해 현대 생활에서 실용적으로 사용된다. 자연을 존중하고 환경을 생각하는 사람들은 일회용 플라스틱 사용을 자제하고 자작나무 바구니를 대신 사용한다. 숲이나 자연 생활에서 빠지지 않는 필수품이 되기도 한다.

다양한 산업기술 재료로 만들어진 용기들이 많지만 사람들은 직접 제작하며 공들인 바구니를 더 많이 사용한다. 여전히 학교나 지역 교육기관에서 아이들이 바구니 짜는 기술을 배우며 즐기는 모습을 볼 수 있다. 손에서 놓을 수 없는 모바일 폰이 아무리 신기해도 자연과 전통에서 영감을 얻는 즐거움은 비교할 수 없다. 현대 디자인에 투영되는 동기부여가 되고 젊은 디자이너가 생활 속에서 영감을 불러 일으키는 이유다.

나무에서 시작되는 핀란드 디자인

울창한 나무 숲. 핀란드 사람들에게 숲의 의미는 정신적인 고향과 같다. 사람들은 도시에 살면서 숲으로 향한 마을을 품고 살아간다. 핀란드 사람들에게서 나무에 대한 생각은 자연스럽고 일상적이다. 나무는 어렸을 때부터 누구나 쉽게 구하고 만지고 익숙하게 다루는 천연재료다. 나무는 전통과 현대 사회를 통해 다음 세대를 잇는 지속적이고 영원한 천연재료인 것이다. 나무를 재료로 하는 공예품이나 디자인을 통해 핀란드 사람들의 일상을 들여다볼 수 있다. 나무를 이용한 일상품들은 사실 옛날이나 현대의 모습이 크게 다르지 않게 느껴지기도 한다. 전통을 귀하게 여기고 존중하는 사람들은 현대에 와서도 옛사람들의 손작업에 근거한 공예품을 지속적으로 연구한다. 그리고 전통공예에 근거한 현대 디자인 교육이 자연스럽게 이루어진다.

현대 디자이너들의 작업에도 나무는 언제나 직간접적으로 연결되어 있다. 핀란드 사람들에게 나무는 단순한 재료가 아니라 자연환경과 문화를 이해하는 바탕이다. 디자인의 근본으로 나무를 사용하는 배경에는 나무의 따뜻함에 대한 올바른 이해와 문화가 담겨 있다. 숲이 내뿜는 자연의 순리와 질서를 사람들은 겸허하게 받아들인다. 자연은 인간이 함부로 할 수 있는 대상이 아니다. 자연이 우리와 다음 세대를 이어주는 근거임을 핀란드 공예, 예술, 디자인에서 보게 된다.

건축가와 목공 기술을 가진 친구들이 전통 배 만드는 일에 집중하고 있다. 한여름 프로젝트다. 핀란드에는 목공 기술을 익히고 생활에 필요한 물건을 직접 제작하는 일에 몰두하는 젊은이들이 많다. 물을 좋아하는 사람들은 여름 생활에서 노 젓는 배를 타고 섬과 섬 사이를 오간다.

빨리 달리는 엔진 달린 보트도 있지만, 한가롭고 평화로운 자연에서 나무 보트는 여전히 지속가능한 교통수단이다.

나무의 물성을 탐구하며 전통공예와 예술 사이를 넘나드는 작가 마르꾸 꼬소넨의 작업. 꼬소넨은 바구니 짜는 기법을 작품 제작에 응용한다. 그의 작업에는 자연을 생각하는 철학이 담겨 있다. 그의 작업에는 자연이 살아 있다.

공예·예술 교육

핀란드는 공예교육을 공교육의 기본 커리큘럼 안에 두고 있다. 아이들은 가정에서 일어나는 일상적인 일들을 학교에서 직접 경험할 기회를 갖는다. 학교마다 목공 시설과 재봉틀, 요리실 등을 갖추고 있다. 3학년이 되면 남녀 차별 없이 전문 도구를 갖춘 목공실에서 나무 재료의 성질을 배우고 목공 도구들을 어떻게 다루는지 익히게 된다. 뜨개질을 배우고 재봉틀을 이용해 생활에 필요한 작은 소품들을 만들기도 한다. 어머니날, 아버지날, 크리스마스와 같은 특별한 날이 되면 만들기 수업 시간을 이용해 선물을 직접 만든다. 자기 손으로 만들어 선물하는 기쁨을 경험한 아이들은 손작업의 소중한 가치를 깨닫는다. 아무리 유명한 브랜드나 명품이라도 핀란드 사람들에게는 그다지 흥미를 유발하지 않는다. 어릴 때부터 학교에서 실시하는 공예·예술 교육이 실생활에 적용되고 있기 때문이다. 남녀 누구나 공통적으로 실시하는 공예·예술 교육을 통해 아이들은 체험하면서 창의적인 감각을 발달시킨다. 단순히 예술가를 길러내는 엘리트 교육이 아니라 누구나 생활에서 활용하고 즐기는 창의적 작업으로 연장된다. 창의력은 결국 생활을 즐겁고 지혜롭게 사는 태도로 연결된다고 믿는다.

핀란드 공예교육은 아이들이 호기심을 갖고 참여하고 싶도록 먼저 자유로운 환경을 마련한다. 전통 바구니 짜기 기술에 사용되는 재료는 버들가지다. 봄이 되면 아이들과 함께 야외로 나가 버들가지를 채취하는 일부터 시작한다. 아이들은 재료가 어디서 왔는지 왜 어떤 재료를 사용해야 하는지 자연스럽게 공예 기술과 자연재료의 연관성을 알게 된다. 대나무가 자라지 않는 북유럽 환경에서 잘 구부러지는 유연성을 가진 버들가지는 바구니 짜기 재료로 활용된다. 아이들이 작은 손으로 처음 만든 작업은 새 먹이를 놓아주는 용기다. 겨울에 먹이가 부족한 새에게 먹잇감을 놓아주기 위해 나무 집이나 바구니 같은 용기를 나무에 매달아 준다. 사람들은 늘 가까이 있는 새 소리를 들으며 관찰하기를 좋아한다.

처음 뜨개질을 배운 아이가 행복해 한다. 아이는 새로운 전통기술 하나를 습득한 것으로 끝나지 않는다. 긴 겨울을 맞는 생활환경에서 뜨개질이 왜 유용한지 전통생활에서 발견하게 된다.

핀란드 서북쪽에 위치한 작은 마을 라우마는 보빈 레이스로 유명하다. 오랜 전통의 화려한 보빈 레이스는 지역 특징을 가치 있게 이어간다.

군더더기 없는 간결한 현대 디자인은 전통을 존중하고 오랫동안 나무 다루는 기술을 익힌 장인의 열
정이 있기에 가능하다.

한국의 한 일간지 기자의 부탁을 받고 핀란드 어린이들이 실제 일상 속에서 얼마나 다양한 손작업을 하고 있는지 조사한 적이 있다. 설문 대상은 3, 4학년 아이들이었다. 핀란드에서 설문조사에 참여한 3, 4학년 학생 63명은 모두 목공 도구를 사용할 줄 알고 나무 재료를 이용하여 장난감이나 장식품을 만들어본 경험이 있다고 답했다. 많은 아이들이 이미 아주 어릴 때 할아버지나 아버지와 함께 새 둥지나 강아지 집을 만들어본 경험이 있다고 대답했다. 설문조사 질문에 단순한 답변과 숫자로 집계를 나타나는 형식이었다.

그 단순한 집계표로는 왜 핀란드 아이들이 어릴 때부터 칼이나 목공 도구를 익숙하게 다루는지 혹은 도구를 안전하게 다룬다는 것이 어떤 의미를 갖는지 설명이 안된다고 생각하여 구구절절 배경 이야기를 적어 보냈다. 하지만 신문 기사는 단순히 비교표를 보여주는 정도였던 것으로 기억한다. 많은 기사가 늘 단순 비교에 머물고 그 결과를 숫자로 나타내곤 한다. 단순 비교를 통해 과연 어떤 의미를 찾아내고 영향을 줄 수 있을지 의문이 든다. 공력을 기울여 정리한 핀란드 공예교육의 배경 설명을 이 책을 통해 전할 수 있어 다행이다.

물론 핀란드에 대한 환상을 가질 필요는 없다. 우리와 문화적 배경이 다르고 삶의 방식이 다르기 때문이다. 문화와 환경이 다르면 교육을 실행하는 방법도 다르다. 하지만 한국의 전통 생활방식을 살펴보면 분명 우리가 소홀하게 다루었던 가치를 발견할 수 있다. 미래의 아이들을 위한 교육이 옛것을 버리고 새것만 취하는 일이 아니라면, 우리의 전통을 더 이상 박제하지 말아야 할 것이다. 실행뿐 아니라 전통을 바라보는 관점도 마찬가지다. 전통을 가까이 두고 존중하며 어떻게 실천하는 생활로 이어갈 것인지 고민이 필요하다.

크리스마스 장식에 담긴 전통

핀란드 사람들에게 크리스마스는 일년 중 가장 고대하는 축제이다. 어둔 밤을 밝히는 촛불의 의미는 모든 사람들이 함께 희망을 나누며 평화를 생각하는 데 있다. 오랜 전통으로 내려오는 산타 클로스는 착한 아이에게 행복을 선물하는 존재이다. 핀란드 사람들은 평소에는 선물을 잘 주고받지 않는다. 하지만 크리스마스는 예외다. 모두가 서로 주고받는 선물에 마음을 담는다. 핀란드 크리스마스 장식품에는 전통을 존중하고 이어가려는 마음이 담겨 있다.

유아교육: 아이는 놀이를 통해 스스로 배운다

핀란드 교육학자는 아이들이 아이들만의 세상에서 살아야 한다고 말한다. 아이가 아이처럼 자랄 권리가 있다는 것이다. 아이가 자신의 세상을 알아차리기 위해서는 자유로운 시간이 필요하다. 어른의 통제가 없는 아이들만의 시간 속에서 자신을 발견한다. 어린 아이일수록 내버려 두는 시간이 더욱 많아야 한다. 핀란드 사람들은 아이가 행복해야 한다고 믿는다. 행복을 찾는 아이는 놀이 속에서 자신을 표현하고 스스로 움직이며 터득한다.

핀란드 유아교육의 기본목표는 부모와 함께 어린이의 균형 잡힌 발달을 촉진하는 일이다. 유아교육 기관에서는 아이들이 안전하고 따뜻한 관계에서 성장할 수 있는 환경을 제공한다.

중부도시 위바스쿨라의 한 유치원을 방문해 유치원 원장의 운영방침에 대해 인터뷰한 적이 있다. 원장은 유아교육에서 자신이 가장 우선하는 교육은 아이가 어릴 때부터 다른 사람의 말을 경청하고 소중하게 여기는 경험이라고 했다. 아이들은 유치원에서 행복한 일상을 보낸다. 행복한 일상이란 교사가 아이와 따뜻한 마음을 함께 나누는 것이다. 아직 완전하게 자신을 표현하기 전의 발달과정에서 교사와 아이의 관계는 무엇보다 중요하다고 했다. 아이는 자신을 돌보는 사람과 교류하며 성장한다. 교사는 아이에게 커다란 영향을 미친다. 따라서 아이와 교사가 신뢰하며 보내는 시간이 중요하다는 것이다.

아이들은 유치원에서 친구들과 놀며 즐거운 시간을 보낸다. 그리고

유아들이 사용하는 물감은 아이가 먹어도 좋을 만한 각종 열매에서 채취한다.

정성껏 준비한 영양 있는 식사를 한다. 전문가들은 아이의 신체활동의
발달은 물론 정서적 안정을 도모하고 올바른 심성을 기르기 위해 부모
와 수시로 소통한다. 아동 보육은 누구 한쪽에서만 잘해야 하는 일이

아니기 때문이다. 가정에서 부모는 일관성을 유지하며 아이를 관찰하고 교사와 대화하며 정보를 교환한다.

아이들이 생활하는 공간에는 글씨가 없다. 모두 그림글자뿐이다. 아직 글씨를 모르는 아이들을 위해 화장실, 도구함, 교실 등 모든 장소에 그림글자가 표시되어 있다. 그림글자는 아이들이 감각적으로 이해하는 시각디자인이다.

핀란드에서는 취학 전의 아이들에게 읽는 법을 가르치지 않는 규정을 지킨다. 학교에 가면 자연히 배울 것이니, 그 전엔 또래 아이들과 구르고 놀며 잠자는 신체 활동에 치중한다.

유치원 공간에 배치된 의자 같은 가구들은 모두 아이들의 몸에 맞추어 설치되었다. 교사들은 아이 눈높이로 키를 맞추며 대화를 나눈다.

교사는 아이와 소소한 일상의 순간들을 함께한다. 끊임없이 질문하는 호기심 많은 아이들과 이야기한다. 감정을 교류할 때는 아이와 눈 맞추며 포옹한다. 교사와 눈 맞추며 대화하는 것만으로 아이는 안정감을 느낀다. 아이를 관찰하며 아이가 원하는 것이 무엇인지 계획되지 않은 일이라도 유연성 있게 대처한다.

아이들이 지켜야 할 규칙과 안전 문제는 아이들을 포용하는 토대를 만들기 위함이다. 강압적이거나 스트레스를 주지 않는 정서적 분위기다.

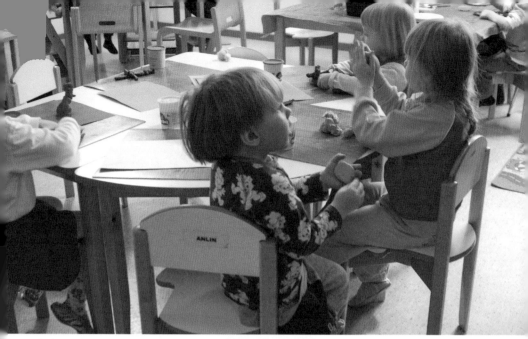

(위) 보육시설에는 아이들의 신체를 배려한 가구가 배치된다.

(아래) 아이들은 울퉁불퉁한 언덕길에서 부모 도움 없이 혼자 오르고 싶어한다. 부모는 아이에게 도전할 기회를 준다. 아이는 본능적으로 도전하며 몸의 균형을 어떻게 이루는지 스스로 배운다.

아이들이 숲에서 탐험하는 일은 자연스러운 일이다. 똑바로 걷기보다 삐뚤삐뚤 걷던 길에서 발견한
놀이감을 지나칠 수 없다.

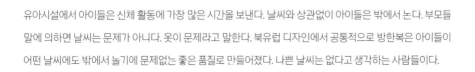

유아시설에서 아이들은 신체 활동에 가장 많은 시간을 보낸다. 날씨와 상관없이 아이들은 밖에서 논다. 부모들 말에 의하면 날씨는 문제가 아니다. 옷이 문제라고 말한다. 북유럽 디자인에서 공통적으로 방한복은 아이들이 어떤 날씨에도 밖에서 놀기에 문제없는 좋은 품질로 만들어졌다. 나쁜 날씨는 없다고 생각하는 사람들이다.

아이들 신체활동에서 예술 감각을 일깨우는 시간이다. 유연한 여러 종류의 색천을 날리며 음악소리에 맞추어 율동을 하는 아이들. 교사는 아이들에게 율동 방법을 가르치는 것이 아니라 아이들이 몸으로 자유롭게 감정을 표현하도록 자극한다.

놀이터에서 만난 아이들은 순식간에 친구가 된다. 놀이터는 서로 모르는 아이들이 친구처럼 만나는 장소다. 부모는 놀이터에서 만난 아이들이 함께 섞여 놀도록 배려한다. 아이들은 놀며 부딪치며 작은 사회를 경험한다.

3살 아이가 처음 스키를 배우던 날

아이는 아빠와 처음 스키를 탔다. 잠시 기우뚱 몸 균형을 잃은 아이가 몇 번 넘어지고 일어나더니 아버지와 보조를 맞춘다. 아버지는 말보다는 아이가 스스로 몸 균형을 잡을 수 있을 때까지 기다려 준다. 아이가 결국 자신의 몸 균형을 느끼게 되기까지 오래 걸리지 않는다. 아이가 어떤 도움 없이 자신을 스스로 일으켜 세우는 순간을 기다려주는 신뢰감이 중요하다. 첫 순간을 알아챈 아이는 두려움 없이 다음 단계로 도전한다. 아버지는 아이가 눈 많은 핀란드 겨울을 지내기 위해 스키 타는 방법을 알아야 한다고 생각한다.

추운 겨울에도 실내 생활보다 야외에서 스포츠를 즐기는 사람들은 아이들이 어릴 때부터 환경에 적응하도록 다양한 활동을 함께한다. 아이들은 이른 나이부터 부모와 함께 스키, 스케이팅, 아이스하키 등 겨울 스포츠를 즐긴다. 핀란드 아이들이 어디서든 어느 계절이든 야외 생활을 즐기며 탐구하는 태도는 어릴 때부터의 부모의 신뢰와 학교, 사회가 함께 같은 기준이기에 가능하다. 아이들은 겨울 스포츠를 즐기며 신체 발달은 물론 인간관계에서 정서적으로 안정된 생활을 하게 된다. 스포츠를 즐기며 서로 경쟁보다는 자신과 주변 환경과의 관계를 이해하고 행동하게 된다.

핀란드인들이 즐기는 겨울 스포츠는 선수를 길러 내기보다는 스스로 겨울 환경을 극복하고 즐기는 태도를 길러 주기 위함이다. 자연스럽게 겨울 스포츠에 더욱 열정을 가지게 되는 아이가 스스로 선택하고 훈련하는 과정에서 선수가 된다. 선수는 경쟁 상대를 만나 이기는 목적이 아니다. 처음 스키를 신고 눈 위에서 몸 균형을 이루며 느꼈던 아이의 자신감은 또 다른 환경에서 도전하는 기쁨으로 자극된다.

북유럽 스포츠 선수들은 이기고 지는 경쟁심보다 늘 여유 있게 즐기며 다시금 자신의 생활로 복귀한다. 선수 생활은 인간이 즐길 만한 수많은 경험 중 하나이기 때문이다. 아이 때 탐구했던 다양한 경험에서 스스로 선택하며 살 수 있어야 한다는 교육 환경에서 비롯한다.

식사 자리에서 아이는 동등함을 배운다

　오랜만에 눈부신 햇살이다. 창문을 통해 깊게 드리운 봄 햇살이 학교 식당 테이블에 둘러앉은 아이들을 비추고 있다. 테이블 위에 놓인 꽃 한 송이가 아이들 사이에서 빛난다. 아이들이 또래 친구들과 함께하는 점심시간이다. 학교에서 나누는 하루 한끼의 따뜻한 점심은 모든 학생에게 학교 수업처럼 의무적으로 제공된다. 어린이와 선생님 그리고 학교에서 일하는 모든 사람이 같은 식당에서 같은 메뉴로 식사한다. 핀란드 학교에서 무료로 제공하는 아이들 점심식사는 하루 한끼 먹을거리를 해결하는 행위 이상의 중요한 의미를 갖고 있다.

　아이들은 가정에서와 마찬가지로 학교에서 따뜻한 식사를 함께 나누며 심리적 안정감을 갖게 된다. 학교도 집처럼 편하게 생활하는 공간이라는 점을 느끼고 학교를 신뢰하게 된다. 아이들은 또래 친구들은 물론 교사와 함께 식사하며 가족 같은 따뜻한 분위기를 느낀다. 교사는 아이들과 같은 테이블에서 식사하며 자연스럽게 식생활 습관을 관찰한다. 아이들이 고루 영양을 섭취하도록 격려한다.

　학교 점심에서는 선생님과 아이들이 동등하게 마주앉아 식사한다. 교사에게는 수업시간에 발견하지 못한 아이의 습관을 관찰하면서 자연스럽게 대화를 나누는 시간이다. 교사는 평소 지켜야 할 작은 규칙들에 관해 아이들과 이야기한다. 식사 시간의 대화는 아이들을 훈계

하는 것이 아니라 친구처럼 따뜻한 분위기에서 오가는 일상적인 대화다. 평소 소홀하게 지나칠 수 있는 식탁 예절을 배운다. 아이들은 같은 테이블에서 다른 아이의 식사가 끝날 때까지 기다려 주는 예의를 배운다. 음식은 본인이 먹을 만큼 골고루 접시에 담아 남기지 않도록 한다. 귀한 음식을 남기지 않는 식습관은 어릴 때부터 학교와 가정에서 자연스레 배우게 된다.

음식에 예민한 반응(알레르기)을 보이거나 채식을 하는 아이에게는 별도의 메뉴를 제공한다. 단 한 명의 아이라도 식사를 하지 못하는 일이 없도록 세심히 배려한다. 식단은 전문 영양사가 하루 식사 권장량에 따라 준비한다. 간단해 보이는 식단이지만 맛보다는 아이들의 건강과 위생을 고려한다. 핀란드 정부는 국민 건강에 각별한 관심을 기울인다. 정부의 노력과 사회 시스템 덕분에 학교 급식의 안전은 철저히 보장된다. 학교 급식은 작은 사회를 경험하는 또 하나의 교육의 연장이다.

따뜻한 한끼 식사와 민주주의

핀란드 학교에서 하루 한끼 학교 식사는 민주주의 교육의 연장선으로 볼 수 있다. 아이들은 식탁에 둘러 앉아 차별 없는 동등한 분위기에서 학교 생활을 이어간다. 아이들은 심리적인 안정감을 통해 주변 친구들을 동등하게 대해는 민주주의 개념을 경험한다. 학교에서 하루 한 끼 식사는 단순한 무상급식과는 다르다. 학교에서 함께하는 따뜻한 한 끼 식사라고 말하는 이유다.

점심시간이 되면 선생님은 아이들과 함께 식당으로 간다. 교실에 남아 있는 아이가 없도록 아이들 모두가 식당으로 가는지 확인하는 일은 교사의 몫이다. 식사 시간은 학년마다 30분 정도 차이를 둔다. 전교생이 한꺼번에 몰려 붐비지 않도록 함으로써 쾌적한 식당 환경을 만들어준다.

식사를 마친 아이들은 운동장에 나가 남은 점심시간 동안 친구들과 뛰어놀거나 휴게실, 도서관 등에서 책을 읽는다. 학교에서 식사 시간은 또래 아이들이 모여 함께 나누고 서로를 알아가는 시간이다. 단순히 한끼 먹거리를 해결하는 자리가 아니다. 아이들은 식탁에 둘러앉아 친구와 함께 이야기꽃을 피우며 동등한 친구 관계를 이어간다. 시간차를 두긴 하지만 학교 관계자들도 모두 같은 테이블에서 식사한다. 사회적 위치에 의해 차이를 두거나 부자와 가난한 자를 구분짓는 그 어떤 행위도 찾아볼 수 없다. 아이들은 같은 자리에서 다른 사람들과 같은 식단으로 식사하면서 자연스럽게 사람을 편견 없이 대하게 된다. 식사 자리는 결국 아이들에게 모든 사람이 평등함을 일깨우는 교육의 연장선에 있다.

핀란드 아이들의 학교 식사는 결국 우리가 잊고 지냈던 우리 전래의 밥상머리 교육과 맥락이 통한다. 가족이 모여 함께 식사하며 가족애를 나누고 할아버지, 할머니의 말씀을 전해 듣던 작은 행복의 의미를 잊고 사는 것은 아닌지 새삼 되돌아보게 된다.

먹거리에 대한 신뢰와 자연 환경

핀란드 사람들의 먹거리에 관한 신뢰는 어릴 때부터 보고 자란 환경에서 형성되었다. 학교에서 제공하는 식사는 무료 식사라는 개념을 넘어 안전한 사회 시스템의 일부로 인식된다. 핀란드 사람들은 먹거리에 과도하게 집착하거나 낭비를 하지 않는다. 과장된 먹거리 광고는 거의 볼 수 없다.

핀란드는 겨울이 길고 일조량이 짧아 식재료가 풍부하지 않다. 많은 농산물을 수입에 의존한다. 사람들은 농산물 수입에 대한 정부의 까다롭고 엄격한 규정을 신뢰한다. 유전자 조작을 통해 억지로 생산량을 늘린 농산물 수입은 정부가 나서서 엄격하게 통제한다. 농산물은 안정된 가격으로 유통된다. 도시나 시골, 작은 가게나 큰 마켓 할 것 없이 농산물의 가격과 수준은 큰 차이가 없다.

사람들은 귀한 먹거리를 조금도 낭비하지 않고 감사한 마음으로 나눌 줄 안다. 학교에서 따뜻한 한끼 식사를 통해 배운 사회적 신뢰감이라고 생각한다. 건강하고 안전한 삶의 방식을 택한 사람들은 먹거리에 대한 엄격한 기준과 절제하는 삶의 태도를 보인다. 제철에 나는 과일과 채소를 선호하고, 환경을 지키는 원칙을 깨뜨리지 않는다. 먹을거리를 위해 자연의 질서를 파괴하는 일은 없다.

아이들을 위한 안전한 먹거리 환경은 결국 모든 사람이 함께 지켜야 하는 과제이다. 학교 식탁 위에서도 그 원칙은 지켜진다. 아이들은 그 정직함을 학교가 제공하는 하루 한끼 식사를 통해 배운다. 먹거리에 대한 신뢰는 지금 우리가 직면한 환경에 대한 태도와 연관되어 있다.

아이들은 어릴 때부터 자연스럽게 자연 생태계에 대한 이치를 터득한다. 어려운 설명은 필요없다. 생활에서 실천하는 교육은 북유럽 나라들이 오래전부터 실천해 오는 자연에 대한 접근 방법이며, 환경 파괴에 모두가 맞서는 태도를 갖게 했다. 환경문제에 대한 깊은 고민과 문제해결을 위한 실천은 결코 게을리할 수 없는 우리 모두의 과제이다. 과학자, 역사학자, 인류학자, 정치인 모두 함께 같은 주제로 지구환경을 이야기한다. 따뜻하고 귀한 하루 한끼 학교 식사를 통해 배우는 사회는 분명 더 넓은 시야를 갖게 된다. 세상에서 귀한 것을 가릴 줄 알며 과용하지 않는 태도로 이어진다.

푸른 들판에 방목된 동물들이 뛰어다니는 한가로운 모습을 본다. 어떤 스트레스도 없어 보인다. 먹거리에 대한 신뢰는 인간이 누리는 평화로운 환경만큼 생명을 가진 동물에게도 똑같이 적용되어야 한다.

학교 식사는 디자인 감각을 키우는 자리다

학교 식당에서는 일회용 종이컵이나 플라스틱 용기를 사용하지 않는다. 한 번 쓰고 버리는 용기 사용을 자제하고 낭비하지 않는 생활 습관을 기른다. 음식을 담는 그릇은 모두 깨지기 쉬운 접시와 도자기 컵, 유리잔을 사용한다. 아이들은 깨지기 쉬운 그릇을 조심해서 다룬다. 공공장소나 가정에서 테이블 위에 놓이는 일상용품들을 소중하게 다루는 태도를 배운다. 북유럽 사람들은 값비싼 음식이나 화려한 생활용품에 탐닉하지 않는다. 주변 환경을 생각하며 함께 기분 좋은 식사 자리를 마련하고 즐긴다.

즐거운 식사 자리에서 테이블 위에 놓이는 그릇과 용기는 몹시 중요하다. 평소에는 간단한 샌드위치로 바쁜 일상을 지내지만, 하루 한 끼 혹은 친구나 이웃과 함께하는 자리에서는 늘 아름다운 식탁 차림을 즐긴다. 여유와 즐거운 대화가 오가는 자리에서 품격 있는 식탁 차림은 어디서든 흔히 마주하는 일상이다.

아이들은 일상적인 핀란드 디자인 개념을 식탁 차림에서 경험한다. 오늘날 식탁에서 사용하는 핀란드 디자인이 널리 보급되고 세계 디자인으로 발전한 근간이라고 생각한다. 음식의 양보다는 센스 넘치는 식탁 차림으로 행복한 기운을 나누는 식탁 문화라 할 수 있다.

아이들이 하루 한끼 식사하는 장소는 오늘날의 새로운 학교 디자인에서 가장 공을 들이는 공간이다. 식사 장소는 단순 식당 기능뿐 아니라 다용도로 활용되는 곳이다. 식사가 끝나면 가구를 옮겨 넓은 빈 공간으로 탈바꿈하기도 한다. 학교 학생들이 모두 모이는 행사장이 되기도 하고, 그룹별 수업을 진행하는 공간이 되기도 한다. 식사하는 자리는 최대한 높은 천장으로 설계된다. 밝은 조명과 쾌적한 분위기에서 아이들은 여유롭게 식사한다. 친구들과 충분히 대화하며 즐거운 식사를 만끽한다.

아이들의 행복한 시간에 대한 배려는 다양한 심리적 측면에서 공간 설계에 반영되어야 한다. 수많은 아이들이 함께 식사하는 장소인데도 큰 소음이 들리지 않는다. 여러 테이블에서 아이들이 재잘대는 소리는 서로 방해 받지 않는다. 소리를 흡수하는 뛰어난 방음 마감재 덕분이다. 대부분 자연광선이 공간에 잘 스며들도록 설계되었다. 단순한 색감의 벽면과 나무 같은 자연 재료의 질감은 아이들의 화려한 옷색깔을 잘 담아낸다. 핀란드 사람들에게서 보이는 디자인 감각이다. 사람을 담는 배경은 최대한 심플하고 자연에 가까운 색으로 마감한다. 그들은 어떤 움직이는 화려한 물체를 놓아도 받아들일 수 있는 공간 개념에 대한 철학을 갖고 있다. 공공건물의 외관과 내부 인테리어는 별달리 눈에 뜨이지 않는 색으로 마감짓는다.

핀란드 디자인은 겉으로 화려하기보다는 기능과 디테일에서 돋보인다. 학교 공간의 디테일한 디자인과 기능을 통해 아이들이 경험하는 디자인 감각은 그 어떤 교육보다 우수한 디자인 교육이다. 디자인 감각은 디자이너가 아니어도 일상에서 어떻게 즐기고 다루는가에 대한 태도에서 나타난다. 교육환경이 중요한 이유다. 억지로 외울 필요 없는 감각을 통해 배우는 교육의 중요성은 사회 생활로 이어진다. 수준 있는 감각적 생활은 꼭 돈 있는 사람만 즐기는 일이 아니다.

학교 식탁에 둘러앉은 아이들의 모습을 보며 그렇게 형성된 즐겁고 행복한 식사 예절과 식탁 문화가 오늘날 핀란드 디자인 문화로 발전했다는 값진 근거를 발견할 수 있었다.

저학년 아이들은 교사와 같은 테이블에서 식사한다. 교사는 아이들이 즐거운 식사 시간을 보내는 일을 중요하게 생각한다. 교사는 아이들이 어떤 식습관을 가지고 있는지 관찰한다. 교사의 관찰은 그 자리에서 아이들에게 주의를 주거나 타이를 목적이 아니다. 아이가 서서히 식습관을 고쳐 나가도록 부모와 상담하기 위한 관찰이다. 아이들은 또래 아이들과 식사하며 자연스럽게 식사 예절을 배운다. 같은 테이블에 앉아 먼저 식사를 끝낸 아이가 다른 친구들의 식사가 끝날 때까지 기다려준다. 친구의 느린 식습관을 이해하고 함께하는 태도를 배운다.

학교 식당에 둘러앉아 또래 친구들과 점심식사를 하는 아이들. 학교에서 제공하는 하루 한끼 따뜻한 학교 식사는 아이들이 집처럼 심리적으로 안정된 생활 환경에서 제공된다. 아이들은 쾌적하고 위생적인 학교 식당에서 친구들과 나누는 따뜻한 식사를 좋아한다. 의무적으로 시행하는 학교 식사는 모든 아이가 동등함을 경험하며 배우는 자리다.

(위) 아이들은 각자 먹을 만큼 음식을 담는다. 필요한 만큼 식사량을 스스로 조절하고 음식을 남기지 않는 습관을 형성한다. 환경을 이해하는 태도는 이론이 아니라 학교 생활에서 자연스럽게 익힌다.

(아래) 학교 식당에서 사용하는 모든 용기는 도자기 그릇과 유리컵이다. 아이들은 식당에서 일회용 용기나 플라스틱 그릇을 사용하지 않는다. 어릴 때부터 건강한 식습관을 지키고 일상 속에서 생활 디자인에 대한 올바른 인식을 갖는 배경이다. 잘 깨지는 그릇을 조심히 다루는 태도를 배운다.

학교 식당은 식사만 하는 공간이 아니라 테이블을 옮겨 다양한 수업 공간이나 만남의 장소로 사용한다. 학교에서 한끼 식사는 단순 먹거리 차원이 아니다. 아이들이 차별 없이 같은 식탁에 둘러앉는 시간을 배려한 것이다. 학교가 교육의 의무를 수행하는 과정에서 행복을 가르치는 가장 기초적인 방법이라고 생각한다. 차별 받지 않은 아이들이 사회를 정직하게 움직인다고 믿는다. 진수성찬이 아니라도 빵 한조각 나눌 수 있는 심성을 기르는 것이다. 하루 한끼 식사의 의미를 나누는 식탁 문화가 담긴 학교 공간 디자인에 진심을 다하는 이유다.

학교 시설에서 가장 관심을 기울이는 공간은 아이들이 식사하는 공간이다. 식사하는 공간은 쾌적하며 학교의 중심에 위치한다.

엄마와 딸

Mother-Daughter Relationship

귀여운 일탈

언젠가 생일을 맞은 핀란드 친구 사라의 집에 잠시 머물렀다. 사라에게는 이제 막 중등 과정(7학년)에 들어간 딸 하나가 있었다. 예술 활동에 매진하고 있는 사라는 어느새 불쑥 커버린 아이를 감당하는 일에 벅차했다. 작품 활동하느라 평소 아이의 성장 과정을 자세히 관찰할 틈이 없었던 친구는 사춘기로 접어든 아이와 당황스러운 일로 자주 부딪치곤 했다. 아이에서 어른으로 성장하는 과정에서 나타나는 예민한 감수성과 그 또래 아이들이 보이는 불규칙한 사춘기적 스트레스를 갑자기 실감했던 것이다.

하지만 사라는 아이와 맞서 다투지 않았다. 자신의 어린 시절과는 다른 환경에서 사춘기를 맞이하는 딸의 입장을 이해하려고 노력했기 때문이다. 자신이 자라던 환경과는 너무 다른 요즘 아이들 환경에 대해 어른이 더 많이 이해할 필요가 있다는 생각이 들었다. 하지만 작품 활동 또한 소홀히할 수 없는 자신의 인생이기에 어떻게 두 가지 모두의 조화를 꾀할지 고민하였다. 사라는 아이에게 명령하거나 강요하지 않는다는 철칙을 갖고 있었다. 아이의 생각을 들어주고 친구가 되어준다는 생각이었다.

생일을 맞은 사라는 가까운 친구들을 초대했다. 오랜만에 친구들과 즐기게 될 음식은 직접 준비했다. 평소 부엌일보다는 작업실에서 더 많은 시간을 보내지만 친구들을 초대한 책임을 다하기 위해 온종일 재료를 다듬고 오븐에 굽는 일을 반복했다. 나는 늘 그렇듯이 테이블 세팅을 맡았다. 호화로운 음식을 준비하는 것은 아니지만 우리는 콘셉트가 있는 분위기의 테이블 세팅을 중요하게 생각했다. 오랜만에 만난 친구들과의 만찬은 늦은 시각까지 계속되었다.

다음날 아침 방문을 두드리는 소리에 놀라 잠을 깼다. 방문 앞에 선 친구는 상기된 얼굴이었다. 어젯밤 마시다가 남겨두었던 와인 한 병이 테이블 위에서 통째로 없어졌다는 것이다. 짐작하건대 중학교 1학년 딸이 가져간 것으로 보이지만 먼저 흥분을 가라앉히는 중이라고 했다. 아이는 자신의 방문을 굳게 닫고 있었다. 아이가 방문을 닫아 놓는 것은 자신의 프라이버시를 침해 받지 않겠다는 표시였다. 방문 잠금 장치까지는 아직 사용하지 않지만 엄마와 딸의 관계에서 서로 지켜갈 작은 규칙들이 자연스럽게 만들어지기 시작했다.

평소 아이는 방문을 열어놓는다고 했다. 친구들이 몰려와 놀고 있는 시간이든 혼자 있는 시간이든 자신과 소통할 수 없다는 표시로 방문이 완전히 닫혀 있는 순간은 손꼽을 정도였기에, 굳게 닫힌 문 앞에서 사라의 갈등은 커져만 갔다. 굳게 닫혀 있는 딸의 방문을 열고 들어가 물어보기가 겁난다고 했다. 사라의 갈등 어린 표정을 보며 엄마로서 딸에게 상처를 주지 않으려는 고뇌를 읽을 수 있었다.

아직 술 마실 나이가 아닌 딸아이가 와인병을 들고 갔다는 확증 없이 아이를 의심할 수는 없었다. 딸아이가 와인병을 가지고 갔다고 해도 아이가 어떤 상황인지 모르는 상태에서 먼저 물어보는 일조차 아이에게 상처를 주게 되면 어쩌나 판단이 안 선다는 것이다. 만약 와인을 마셨다면 당장 어떤 얼굴로 아이를 대해야 할지 더욱 곤혹스러워 했다. 결국 사라는 딸아이가 스스로 내려와 엄마에게 고백할 때까지 기다려 주기로 결정했다.

얼마나 시간이 지났을까. 거실에서 사라가 아이와 도란거리며 이야기하는 소리가 들렸다. 딸아이는 결국 엄마에게 자수를 했다. 이제 막 열세 살을 넘긴 아이 입장에서 호기심 가득했을 시간을 추정해 보았다. 식탁에 둘러앉아 어른들이 와인 잔을 부딪치는 동안 아이는 같은 자리에서 주스와 물을 번갈아 마시고 있었다. 어른들이 흥겨움 속에 떠들썩해 하며 들이켜는 와인 맛이 얼마나 궁금했을까. 저녁 만찬 내내 어른들은 어른들 사이의 화젯거리에만 집중했다. 아이는 어른에 둘러 쌓인 채 대화에서 소외되었다. 엉뚱한 궁금증이 유발된 것도 무리는 아니었을 것이다.

와인 맛이 궁금했던 아이는 늦은 밤 잠이 깨어 아직 정리하지 않고 남겨둔 테이블 위에서 병 하나를 발견했다. 와인병을 집어 방으로 들어가 몇 모금 맛을 보았단다. 당연한 호기심이란 생각이 들었다. 문제는 와인을 처음 시음한 딸아이의 반응이었다. 딸아이는 몇 모금의 알코올 기운으로 자신의 몸에 나타났던 반응과 느낌을 엄마에게 구체적으로 설명했다. 아이는 술기운으로 몸에 어떤 증상이 나타날 때 자신이 어떤 태도를 취해야 할지 의문을 갖기 시작했다.

아이의 호기심과 그 호기심을 풀어가는 과정은 지극히 직설적이고 순수해 보였다. 그 작은 육체적인 변화와 감정에 대해 엄마의 조언이 필요한 시간이었다. 알코올을 마신 후 어떤 태도가 가장 이상적일까? 아이의 물음은 제법 심각했으나 친구의 대답은 의외로 간단했다.

"에이미처럼! 한 잔 마시고 곧바로 침대로! 하하."

에이미로 불리는 나는 알코올 기운이 오면 조용히 침대로 향하는 버릇이 있다. 친구의 간단명료한 답변에 모두에게 다시 평화가 찾아왔다. 사실 친구는 아이의 호기심에 더 이상 심각하게 대응할 필요가 없었다. 아이는 자신의 잘못을 숨기거나 거짓말하지 않았다. 모든 상황을 솔직하게 인정했고 엄마에게 도움을 청했다. 친구가 딸에게 원했던 것은 바로 정직함이었다. 앞으로 알코올을 마실 일이 생겨 취하게 되면 남에게 피해를 주지 않고 조용히 침대로 돌아가라는 엄마의 충고에 딸아이는 자신도 공감한다고 했다.

사라는 딸과의 대화를 마친 후 안심했다. 집이 아닌 다른 장소에서 또래 아이들과 그 호기심을 테스트했다면 아직 판단력이 분명하지 않은 아이에게 어떤 일이 발생했을지 상상할 수 없기 때문이었다. 다행히 알코올에 대한 딸의 첫 경험이 집에서 이루어졌다는 사실에 친구는 안도하였다. 자신의 작품 세계에만 몰두하던 사라는 그동안 아이를 좀 더 가까이서 관찰하지 못했던 시간을 아쉬워했다.

기다림의 의미

사라는 자신의 아이가 다양한 친구들과 어울리도록 격려한다. 어떤 집안 환경이든, 부모의 직업이 무엇이고 어떤 집에 살며 어떤 종교를 갖고 있든, 상관하지 않는다. 사라는 아이들이 그들만의 세계를 꿈꾸며 만들어가는 가능성을 무엇보다 중요하게 생각한다. 주변 다른 부모들 역시 같은 생각으로, 아이들이 어려서부터 다양한 친구들과 어울리는 일에 어떤 벽을 두지 않는다. 아이가 자라면서 사회에 적응하려면 그 어떤 편견이나 왜곡도 방해가 된다고 생각하기 때문이다. 아이들 스스로 옳고 그름을 경험하면서 평화롭게 살기를 바라는 엄마의 마음이다.

어릴 때부터 스스로 경험하고 판단하도록 기다려주는 사회는 학교와 가정에서 어른들의 사고방식과 언행이 일치할 때 만들어진다. 아이들끼리 어울리는 작은 사회에 어른들은 가능한 끼어들지 않아야 한다. 아이들 스스로 문제를 해결하도록 기회를 주어야 한다. 아이들 인생은 크고 작은 실수와 더불어 직접 부딪치면서 완성된다.

그들은 아이들의 실수와 경험의 부족을 인내하며 기다릴 줄 안다.

아이가 스스로 완성하기 위해 고민하는 문제는 어른의 참견보다는 또래 친구들에 의해 더 현명하게 해결된다. 사실 모든 사람은 어린 시절 누구나 친구와 어울리며 다양한 호기심으로 때론 실수도 하고 문제도 일으킨다. 그 실수를 어떤 시각으로 바라보는가에 따라 아이의 인생은 다른 방향으로 흘러가기도 한다. 실수를 통해 자신을 바라볼 기회를 갖지 못하면 그 실수로 인해 죄인이 되기도 한다. 끊임없이 실수하도록 내버려두며 기다리고, 아이가 실수에 두려움으로 절망하지 않고 정직하게 실수를 인정하고 받아들이면서 도움을 청하기를 바라는 사람들에게서 기다림의 진정한 의미를 알게 되었다.

친구와 긴 이야기를 이어가는 동안 아이는 어느새 등교 준비를 마치고 옆에 서 있었다. 현관문을 나서며 손을 흔드는 아이는 어젯밤 아무 일도 없었다는 듯 명랑한 얼굴이었다. 아이와 친구의 믿음으로 평화로운 아침이 다시 열리고 있었다.

핀란드에서 부모들은 아이가 독립심을 갖도록 내버려두며 키운다. 하지만 때로는 이렇게 세심한 심리 관찰과 배려가 필요하다는 사실을 문득 깨닫게 되었다. 작은 사건이었지만 그 안에는 중요한 가르침이 들어 있다. 그 일을 통해 아이와 엄마의 믿음이 더욱 단단해졌다. 아이가 자라면서 사회에 적응하기 위해 어떤 준비를 하고 있는지 부모가 들여다보아야 한다는 사실을 확인할 수 있었다. 어른의 시각이 아니라 아이의 시각에서 바라보는 사회에 대한 호기심을 어른들은 과연 어떤 태도로 마주하고 있는지 생각하게 된다.

아이의 호기심은 대수롭지 않게 스쳐 지나갈 일이 아닌 것 같다. 우리가 수없이 묵인했던 순간들이 지금 이 시대를 살아가는 어른으로 성장시킨 동력은 아니었는지 돌아보게 된다. 우리는 과연 아이들의 생각을 아이 수준에서 인정하고 공감하며 그 느린 속도를 얼마나 기다려줄 수 있을까?

어린이는 모두 예술가다

놀며,

실수하며,

체험을 통해 배우는 과정에서

북유럽 예술교육 활동의 목표

핀란드 어린이 교육에서 가장 중요한 목표는 어린이들이 자유로운 환경에서 스스로 개성을 키워가는 것이다. 자율적인 환경 조성, 다양한 놀이의 개발을 통한 성장, 자연학습과 탐구를 통한 인성 개발 등 아이들의 독립심과 사회성을 배양하기 위한 다양한 시도와 함께 특히 어린이들을 위한 놀이 공간은 정부와 사회의 각별한 관심하에 정책적으로 지원이 이루어진다.

학교가 사회를 알아가는 연습의 장소라고 생각하는 북유럽 교육환경을 보면 아이들의 모든 교육활동은 사회생활과의 연장선에 있다. 예술활동을 통해 아이들이 좀 더 유연하고 자유로운 환경에서 사회를 알아가도록 격려한다. 예술교육 활동을 통해 아이들이 사회에 적응하도록 돕는 역할을 할 수 있어야 한다는 측면에서 지원이 이루어진다. 예술교육 활동은 예술가를 길러내거나 테크닉을 가르치는 것이 아니다.

예술활동을 통해 아이들이 분명 하나의 사회구성원임을 일깨우는 과
정을 중요시한다.

북유럽은 경쟁보다 주변 친구와 이웃이 함께 사는 사회다. 예술교
육은 아이들이 더불어 사는 사회의 소중함을 직시하며 이론보다 실질
적인 생활에 적용하도록 몸의 균형 감각을 살리는 경험 위주의 교육이
다. 아이들이 다양한 재료를 만지고 익히며 주변환경에 대해 구체적으

로 인식하는 과정이다. 결과를 생각하기보다 과정 속에서 자연스럽게 최종 작업에 도달하게 하는 방법이다. 북유럽 예술교육의 최종 목표는 결국 스스로 문제를 찾고, 탐험하며 해결하는 체험과정을 통해 창의력을 발휘하도록 하는 데 있다.

학교교육에서 독립성과 사회성을 강조하는 북유럽 사람들은 교과서를 통해 암기하고 익혀야 하는 지식보다 사회참여를 통해 성숙해지는 인간관계를 더욱 강조한다. 교과서를 암기하는 일보다 직접 몸으로 사회를 경험하도록 교육하는 사람들에게서 자유와 평화의 소중함을 배운다. 몸으로 체득하는 자유와 평화는 이론 교육이 아니라 예술교육 과정을 통해 감각으로 일깨운다.

아이들에게서 잠재된 예술적 감흥을 꺼내는 일은 지금까지 우리가 받아온 교육의 척도로는 가늠하기 어려울지 모른다. 경직된 사회는 늘 틀에 맞춘 기준점이 있어 왔고, 그 기준점으로만 평가하는 방법에서 많은 아이들은 자신감을 잃게 된다. 미리 제시된 틀 안에서는 개별성을 나타내는 일이 쉽지 않다. 예술가 혹은 예술활동이 우리 사회에 어떤 영향을 미치고 있고, 어떤 가치로 사회를 반영하는지에 대한 논의가 필요해 보인다.

인간 내면으로부터 나오는 예술적 표현의 다양성에 대한 존중과 예술적 감성을 평가의 잣대로 제한하거나 함부로 판단해서는 안된다.

우리와는 다른 환경이기는 하지만 북유럽 교육에서 다시 들여다본 예술교육의 목표는 많이 달라 보인다. 예술가 혹은 예술활동에 대한 출발부터 다르다. 예술 공부를 한 사람이 모두 예술가가 되는 것은 아니다. 예술활동을 통해 좀 더 너그럽고 따뜻한 마음과 태도를 배우는 계기가 된다. 누구나 동등하게 예술활동에 참여할 기회를 갖는다. 동등한 기회 안에서 어린이들은 각자 다른 생각을 존중하고, 풍부한 감성을 기르며, 다른 사람을 이해하는 환경에서 사회에 적응하게 된다. 서로 경쟁하면서 암기과목이나 수학 공부로 아이들을 평가하지 않는 이유다.

창의성이 왜 그렇게 중요한가?

북유럽 예술교육은 아이들 스스로 자신을 발견하고 창의적인 표현을 통해 주변 친구들과 원만한 관계를 유지하고 사회성을 키우는 배경에서 출발한다. 이러한 배경의 예술교육을 공교육에서 진지하게 실천해 가고 있다. 북유럽 교육은 사회를 이해하고 이웃을 배려하는 민주주의 원칙을 실천하는 실질적인 교육이다. 따라서 교육은 사회 전체의 공익적인 균형을 유지하며 자연스럽게 사회에 영향을 미치게 된다.

내게는 소중한 시간이 있었다. 핀란드 예술교육을 실행하는 현장에서 다양한 프로젝트를 통해 아이들과 교사 그리고 학부모와 만나 프로그램을 진행했었다. 핀란드 예술교육센터, 학교, 뮤지엄에서 진행했던 프로그램에서 아티스트가 어떻게 사회와 소통하고 기여해야 하는지 배우는 시간이었다. 선생은 늘 선생의 위치에 있지 않아도 되는 신선한 현장이었다. 아이들에게서 무한한 창의력과 표현력을 보며 영감을 얻기도 했다. 내게 아이들은 스승이었다. 핀란드 아이들이 어떤 상상력을 펼치고 어떻게 꿈꾸며 살아가는지 살펴보는 시간이었다. 일상에서 창의력이 어떤 가능성을 갖게 하는지 살펴보는 일은 여전히 내게 흥미로운 일이다.

북유럽에서 아이들을 위한 예술교육은 인성 발달을 위한 중요한 프로그램으로 전문가들이 담당한다. 전문가의 많은 부분은 예술가들이다. 예술교육을 담당하는 예술가는 자신의 예술감각뿐 아니라 아이들 교육을 위한 교수법을 공부하고 아이들 심리를 이해하는 경험 있는 전문가로 초대 받는다. 아이들 창의력을 키우고 개성을 존중하는 기본 교육 이념에 따라 예술가는 자유롭고 신선한 아이디어를 가지고 아이들과 만난다. 예술가에게 새로운 교육 프로그램을 맡기는 근간에는 예술가들이 끊임없이 시도하는 창의적 행위와 새로움의 세계에서 아이들이 받는 영향을 고려하기 때문이다. 따라서 교육을 담당하는 예술가들은 무엇보다 책임감과 신뢰감으로 일한다. 그 역할에 있어 예술가 스스로 연구하고 충분히 준비된 프로그램을 운영한다. 예술가는 프로그램을 통해 어린이들이 최대한 즐거운 시간을 보내고 결과보다는 과

정에서 자신을 발견해 나가는 데 중점을 둔다. 결과는 참여한 아이들 모두 다르게 나타난다. 결과물에는 모두 다른 개성을 지닌 아이들이 과정에서 얼마나 행복했는지 나타난다. 핀란드 창의력의 열쇠는 규정 짓지 않고 강요하지 않는 것이다.

동기부여가 필요한 예술교육

잠시 예술이 무엇이고 어떤 의미인지 혹은 우리 사회에서는 예술활동을 어떻게 하고 있는지에 대해 생각해 본다.

우리는 과연 예술을 가르칠 수 있는 장르라고 생각하고 있는가? 미술교사로서 어떤 철학과 태도로 아이들과 마주하는가 먼저 생각해 보면 좋겠다. 예술활동은 과연 아이들에게 어떤 영향을 미칠 것인가? 예술활동을 통해 과연 아이들은 어떤 창의적인 생각과 행동을 할 수 있을까? 지금 우리가 예술교육에서 강조하는 철학적 의미는 무엇인가?

예술교육 활동은 단순히 예술가를 길러내는 이론이나 기술을 습득하는 과정이 아니어야 한다. 예술활동을 통해 인간의 가장 원초적이고 유희적인 본능을 자극시키는 일이 가능하다고 믿는다. 아이들 세계에 장벽이 없는 환경을 만들어 주면서 예술활동에서 자연스럽게 자신을 표현하고 자존감을 찾아가도록 돕는 일이다. 예술활동은 어린이 각자 개성을 찾아가기 위한 과정에서 호기심을 유발시키고 스스로 활동하기 위한 동기부여가 되도록 해야 한다. 미리 준비한 형태와 테크닉을 가르치는 일보다는 아이들이 각자 다른 개성을 찾아내도록, 서로 다른 형태로 나타나는 현상들을 인정하고 격려하는 시간이 필요하다. 결과물보다는 과정에서 얼마나 흥미를 가졌는가에 따라 아이들은 또 다른 과정에 참여하고 싶은 동기부여를 갖는다. 서로 다른 감각기능을 가진 아이들은 예술활동을 통해 자신감을 갖고 독립적인 사고 방식으로 발전되어 간다.

한 초등학교 예술교육 시간에 참여하여 아이들이 어떤 과정을 거쳐 각자 행복한 결과물을 갖게 되는지 지켜 본 적이 있다. 초등학교 3학년 아이들은 먼저 자신들이 필요한 보조가방 만들기를 원했다. 교사는 예술교육센터 교사와 의논해 1주일에 3차례 수업 프로그램을 진행하기로 했다. 아이들은 왜 보조가방이 필요한지 의논하며 자신이 직접 만들어 유용하게 사용한다는 기대감에 부풀어 올랐다. 학교와는 달리 전문적인 예술교육기관에는 재료에 따라 다양하게 사용하는 물감들이 구비되어 있다. 아이들은 천에 사용해도 문제없는 물감을 각자의 취향에 따라 사용한다. 물건을 완성하는 일도 필요하지만 그 전에 재료를 이해하고 탐구하는 시간이 더 중요하다. 아이들은 처음 실용성 있는 물건을 만들어 보는 기대감이 있다. 자연스럽게 인식하게 된 환경문제에 스스로 동참한다는 뿌듯함도 포함되어 있다. 실용적인 천가방은 일회용 플라스틱 가방을 사용하지 않는 핀란드 환경에서 꼭 필요한 실용품이기 때문이다. 그 가치를 어릴 때 경험한 아이들은 명품에 큰 관심을 갖지 않는다. 직접 만드는 과정에서 알게 된 아이디어에는 단순 기술 이상의 의미가 있다. 아이들은 자신이 직접 만든 작업물의 가치를 알게 되면서 다른 사람들 작업을 존중하는 태도를 갖는다. 핀란드 디자인에서 브랜드 가치를 높이는 문화는 바로 어릴 때부터 직접 경험한 손작업에서 이어진다.

예술교육에서 아이들은 결과물을 완성하기보다 과정에서 다양한 재료를 탐구한다. 자유로운 분위기
에서 아이들은 개성을 발휘한다. 아이들이 각자 좋아하는 그림을 그리고 보조가방을 완성했다. 어릴
때부터 환경문제에 대해 인지하고 있는 아이들은 플라스틱이나 비닐 같은 일회성 사용을 자제하고

천가방을 사용한다. 아이들은 시중에서 파는 똑같은 상품보다 자신이 직접 만든 개성 있는 가방을 더

좋아한다. 완성된 보조가방은 일상에서 유용하게 사용된다.

핀란드 아이들 수업에서는 다양한 재료를 사용하면서 아이들의 흥미를 유발하기도 한다. 난 핀란드 아이들 반응을 보기 위해 한국에 있는 친구에게 부탁해 한지를 받아 예술 수업에 활용했다. 예상치 않게 컬러풀한 한지를 보내와서 잠시 당황했지만 아이들은 내 선입견을 완전히 바꾸어 놓았다. 아이들은 자신이 좋아하는 색감을 고르고 잠시 후 개성 있는 작업에 몰두하기 시작했다. 사실 난 한국에서 컬러풀한 한지를 사용해 본 적이 없다. 한지에 대한 고정관념은 늘 품질 좋은 한지 역사에 의미부여를 하곤 했다. 한지 재료가 되는 닥나무는 북유럽 환경에서 자라지 않는다. 핀란드에서는 다른 종류의 펄프 종이가 생산되지만, 굳이 아이들 작업환경에서 종이문화를 비교할 필요는 없었다. 아이들은 철사로 기본 틀을 만들고 어둠을 밝히는 등을 만들기로 했다. 아이들은 한지를 사용하며 평소 사용하던 종이와 다른 점을 스스로 발견하기 시작했다. 선입견 없이 과감하게 접근하는 아이들에게서 한지는 또 하나의 새로운 재료가 되었다. 새로운 재료에 관심을 가진 아이들이 한지에 대해 물어온다. 난 아이들에게 한지 만드는 방법까지 알려주었다.

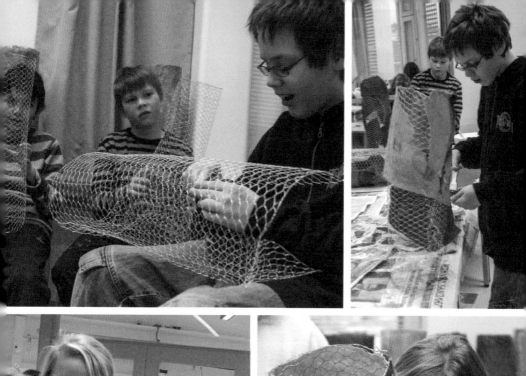

발레 수업 중이다. 아이들은 발레 테크닉만 익히지 않는다. 직접 무대 공간을 꾸미고 연출하는 방법
까지 즐거운 과정을 친구들과 함께 연습한다. 어릴 때부터 예술의 통합적 감각을 일깨운다.

사회를 움직이는 예술가

예술가는 이 사회에서 어떤 역할을 할 수 있을까? 사회 현상에 대해 객관적이고 인간적인 관점에서 문제 해결에 적극 참여하는 핀란드 예술가들을 본다. 돈과 명예보다는 마음의 눈으로 사회를 직시하는 예술가들은 어떤 정치적 상황에도 당당하고 독립적이다. 그 에너지는 사회에 영향력 있는 에너지로 작용한다.

예술교육은 사회를 직시하는 감성으로 연계되고 실용적이다. 예술은 차별된 사람만의 행위가 아니다. 일상에서 작은 디테일을 담은 가치로 나타난다. 사회에 잘 적응하고 독립적으로 문제 해결을 할 수 있도록 경험하는 아이들.

예술교육의 본질적인 기능이 지속가능하게 이어지는 배경에서 멋진 예술가의 활동을 지나칠 수 없다. 사회 곳곳에서 서로 다른 역할로 사회를 생각하는 예술가들은 실제로 아름다운 자신의 작업을 사랑한다. 아름다운 작업에는 만인을 사랑하는 마음을 담는다.

아이들이 어릴 때부터 학교에서 경험하는 예술작업들은 평소 일상 속에 적용 가능한 실용성 있는 작업이다. 예술 디자인에 대한 자연스러운 감각의 발달은 일상 속에서 쓰여지는 실질적인 작업에 투영된다. 북유럽 사람들 생활 속에서 예술 디자인 감각을 찾아볼 수 있는 이유다.

예술가의 감수성

북유럽 많은 디자이너와 아티스트의 작품에는 자연 환경에 대한 그들의 깊은 생각이 담겨 있다. 자연 환경에 대한 지속가능한 고민이 담겨 있다. 넘치는 쓰레기를 바라보는 또 다른 시선이 있다. 예술가의 마음으로 바라보는 쓰레기더미 속에서 세상을 보는 진지한 시선이 함께한다. 예술가의 창의적인 시선으로 이 세상의 쓰레기더미가 줄어들 수 있다면!

난 참으로 아름다운 예술활동을 펼치는 친구들과 함께 프로젝트를 수행해 왔다. 함께했던 친구들을 통해 예술가의 감성이 사회에 어떤 영향을 미치는지 알 수 있었다.

예술가의 창의적인 시선으로 쓰레기는 일순간 작품 재료가 되고 생활 디자인으로 변모한다. 세계를 구하는 일은 거창하게 구호를 외치는 일보다 일상의 작은 실천이 중요하다. 다만 생각의 전환과 실천이 필요하다. 개인의 이익보다는 사회 전반에서 함께 공유하고 나눈다는 의미로 실천하며 살아가는 사람들의 태도이기도 하다.

예술가가 재료에 대한 제한과 두려움 없이 도전하는 배경에는 어릴 때부터 다양한 재료를 만지고 자유롭게 표현했던 잠재력이 있다. 환경에 대한 일상의 실천을 통해 쓰레기를 하찮게 생각하지 않는 심성을 갖는다. 쓰레기에서 새로운 재료를 발견하는 눈을 갖게 된다.

핀란드 아티스트 마리야 우시딸로가 만든 현대무용 의상이다. 버려진 장난감과 튜브 그리고 손뜨개를 한 작은 조각들을 이어 만든 창의적인 무대의상이다. 안무가와 의상 디자이너, 무대 디자이너가 만나 현대무용 콘셉트에 대해 상상하며 발전시킨 독창적인 무대의상이다. 아티스트는 안무가의 생각을 이해하고 무용가의 움직임에 대해 관찰한다. 무대 배경 역시 버려진 비닐 가방을 펼쳐서 이어붙여 만든 구조물이다. 조명이 반사되면 전혀 다른 무대가 연출된다. 예술가의 창의적인 생각으로 쓰레기는 전혀 다른 세상과 만난다.

니트 작업을 즐기는 마리아는 무대 의상을 하는 예술가이자 교육자다. 위트와 유머 넘치는 작업을 선보이는 그의 주변엔 늘 풍부한 재활용 재료들로 가득하다.

지금, 우리 주변은 쓰레기로 넘쳐난다. 의식 없이 일회용 생활용품과 과포장 플라스틱 용기를 남용한다. 산업 폐기물이 가까운 이웃에 넘쳐나지만 사람들은 무심하다. 예술가의 시각으로 쓰레기가 어떻게 예술 작업에 응용되는지, 어떻게 즐거운 재료로 활용될 수 있는지 보게 된다.

마음속 진정한 스승을 기억하며

지난 시간 내게 진정 아름다운 삶이 무엇인지 일깨워준 사람들을 생각해 본다. 인간을 자연으로 바라보며 살아갈 수 있도록 영향을 준 여러 얼굴들을 떠올린다. 그 얼굴 속에서 지금 가장 그리운 사람이 있다. 살아가면서 여자와 남자, 나이와 인종 그 모두를 뛰어넘어 자연으로 세상을 바라보도록 마음을 열어준 스승이다. 그는 핀란드를 대표하는 예술가이며 모두에게 너그러운 스승이자 누구에게나 친구처럼 다가가는 자유로운 영혼의 소유자다. 나에게 큰 스승이자 친구 그리고 정신적 위안을 주는 정신적 엄마spiritual mama 오우띠 헤이스까넨.

그녀는 여성, 남성을 넘어 인간으로 이 세상에 아름다운 에너지를 나누며 살아가는 모습 그 자체로 빛나는 인간임을 일깨워주었다. 난 그의 머리에 장미 한 송이를 장식했다.

사람 마음을 움직이는 사람, 얼마나 아름다운가!

아이처럼

가끔 어린아이 같은 기분에서 영원히 헤어나지 않기를 바랄 때가
있다. 어른이 되면서 시선이 굳어지고, 스스로 제한된 울타리에 갇혀
변화를 두려워하는 것은 아닐까 걱정이 되기도 한다. 누구나 어린 시
절 자유로운 시선으로 천방지축 뛰어놀던 시절이 있었을 것이다. 마
치 어린 시절을 까맣게 잊은 듯 어른은 늘 어른의 시선으로, 선생님
은 언제나 선생님의 시선으로만 살아간다. 무한한 가능성을 간직한

아이들을 그 자체로 인정하는 데 인색하다. 과연 나의 모습은 어떠한 가! 영원히 어린아이 같은 시선으로 함께 바라보며 즐길 수 있다면, 이 세상은 다른 가치로 존재할 것 같다. 마치 인간이 천년만년 살 것 같이 욕심을 부리며 오류를 범하는 뉴스를 접할 때면 더욱 아이 시선에 머물곤 한다.

스스로 고정관념에 사로잡힌 듯한 기분을 느낄 때가 있다. 그렇게 우울한 기분을 느낄 때 난 산책길로 나선다. 산책길이 반환점이 될 즈음 오우띠를 만나기 위해 그의 스튜디오를 찾는다. 만인에게 존경 받는 예술가 오우띠 헤이스까넨은 남녀노소 불문하고 누구에게나 친절한 스승과 친구 사이를 넘나든다. 우리는 특별한 인연으로 만나 정신적인 엄마 그리고 딸의 관계를 유지하며 지낸다.

그녀를 만나는 순간 주체할 수 없었던 나의 감정의 무게는 어느새 사라진다. 그녀 앞에서 난 쉽게 동심으로 되돌아간다. 그는 늘 어린아이 같은 천진함으로 모든 가능성을 열어놓고 살아간다. 그녀 주변에 잠시 머물게 된다면 그녀의 넓고 커다란 가슴을 통해 온 우주가 하나같이 광활하고 평화롭다는 사실을 인식하게 될 것이다. 사람들은 그녀 앞에서 끝없는 배움의 현장을 경험한다.

예술은 놀이다

그의 주변은 아이 같은 상상력과 망설임 없는 손놀림으로 항상 어지럽혀져 있다. 그는 어떤 현장에서나 호기심 가득한 눈빛으로 사람을 대하고 사물을 관찰하며 늘 새로운 세상을 만나 꿈꾸는 아이 같은 얼굴을 하고 있다.

그의 손놀림과 태도를 보면 예술이 어렵지 않아 보인다. 실제로 그는 예술을 특정인의 작업으로만 구분짓지 않는다. 그 앞에서 예술은 쉽고 편하고 누구나 하는 놀이처럼 보인다. 언제 어디서든 그가 보고 만지는 것에서는 기쁨과 생명의 감정이 보이는 듯하다. 지루했던 내 앞에 놓인 일상의 작은 것들까지 모두 소중해 보인다. 그 앞에서는 무엇이든 벽이 없고 가능성만이 보인다. 우리가 그동안 교육 받고 인식하고 훈련해 왔던 예술에 대한 편견은 그냥 무너져 내린다. 예술은 누구에게나 평범한 일상에서 가능한 놀이처럼 쉬워 보인다. 사물의 원근과 비례에 대한 압박감도 가질 필요없고, 색상 도감을 뒤지며 고민하고 주저할 필요도 없어 보인다.

그녀의 작업을 보면 진정 예술이 쉽고 누구나 즐길 수 있다는 생각을 한다. 그녀의 작업에는 어떤 형식이나 기준이 없다. 밑그림에 주저하지 않는다. 손 가는 대로 선이 그려지고 주저하지 않는 색들이 입혀져 명녕하기 어려운 색으로 나타난다.

그녀의 작업실에서 에칭판에 함께 드로잉한 적이 있다. 그녀는 자신의 그림에 제자들이 낙서하도록 초대한다. 난 그녀의 그림 위에 덧칠하고 지우는 반복작업을 하면서 시간을 보냈다. 누구의 작품인가 하는 점에 구애됨 없이 작품을 만드는 과정의 유희를 즐겼다.

그의 그림 속에서는 동물이 사람이고 사람이 동물이 되어 온 세상 만물이 다 함께 한자리에 모여 산다. 그는 때로 아이같이 장난스럽게 따로 그린 그림들을 한자리에 모아 놓고 식구로 만들기도 한다. 그는 다른 작가들과 협력하며 누가 작품 주인인가를 따지지 않고 작업 그 자체만을 즐긴다. 이것이 가능한 이유는 아이같이 세상을 열어놓고 지내기 때문일 것이다. 그는 핀란드 사회에서 명예로운 사람이지만 어떤 상황이나 장소에서도 자신의 위치나 이름을 내세우지 않는다. 그는 그저 평범하고 개성 있는 예술가 중 한 사람일 뿐이다. 그런 그녀 주변에는 늘 말없이 행동하는, 그녀를 존경하는 사람들로 넘쳐난다. 예술가 오우띠의 모습을 보면서 좋은 스승의 참모습을 발견하게 된다.

그는 아이들이 자유로운 상상 속에서 예술적 감성을 있는 그대로 표현하고 발견하도록 놓아둔다. 그 자유로움이 최상의 창의 교육일 것이란 생각을 한다. 지금도 이따금 제자들을 가르치는 오우띠에게는 교과서적인 가르침을 찾아볼 수 없다. 그녀의 가르침은 만나는 사람을 늘 그 자체로 인정하고, 자신도 상대방이 가진 다른 점들을 즐기고 나누는 것이다. 그녀 앞에서 무엇이 옳고 그르고 좋고 나쁘고 하는 단순

흑백논리는 통하지 않는다.

　내 마음에 품고 있는 스승에 대한 기억이다. 그녀는 어떤 명확한 답을 주기보다 내게 더 많은 가능성을 일깨운다. 나의 경험과 책임에 대한 길을 열어놓도록 격려한다. 그 아름다운 스승의 기억으로 난 세상이 열려 있다는 점을 믿는다. 지금도 마음속에 자랑스러운 스승의 모습을 품고 있다.

오우띠는 자신의 그림에 아이들이 낙서하도록 초대한다. 아이들은 그녀의 판화 위에 덧칠하고 낙서 같은 그림을 맘껏 그린다. 그녀가 아이들과 함께 그린 그림들은 누구의 소유도 아니다. 세상에 하나밖에 없는 창의적인 작품이 된다. 그녀의 권위 없는 예술 세계에서 아이들은 모두 천진한 예술가로 태어난다.

그녀의 스튜디오는 온통 재활용 재료로 가득하다. 재사용한 우편물 봉투에도 스케치할 여백은 남아 있다. 다른 사람 눈에 쉽게 버려질 재료들은 예술가의 손을 거쳐 재탄생한다. 그녀는 일상에서 흔한 사람들의 소비적 태도에 너그럽게 다가가며 예술을 통해 무언의 메시지를 전한다.

그녀의 작업을 보면 진정 예술이 누구나 즐길 수 있는 쉬운 영역임을 깨닫게 된다. 그녀의 예술에는 어떤 기준이나 형식이 없다. 모든 사람에게 서로 다른 창의성이 잠재되어 있음을 깨닫게 한다. 만인에게 스승인 그녀는 늘 푸근한 미소로 사람에게 다가온다. 이 세상 그 어떤 것도 하찮은 것이 없는 귀한 존재임을 깨우친다.

아이들은 그녀의 그림 속에서 온갖 다른 생명체를 만나 함께 친구하며 동등함을 배운다. 오우띠의 작업을 보면 진정 예술이 쉽고 누구나 즐길 수 있다는 생각을 하게 된다. 그녀의 작업에는 어떤 형식이나 기준이 없다. 밑그림을 꼭 그릴 필요가 없다. 손 가는 대로 선이 그어지고 주저하지 않는 색들이 입혀져 색도감에 나와 있지 않은 창의적인 색으로 나타난다.

 그림에서 보는 그녀의 상상 속 세상에는 우주 만물이 하나같이 식구처럼 다정하고 따뜻하게 한자리
에 있다. 마치 삶 속에서 끊임없이 늘어가는 가족처럼 온갖 다양한 생명체가 한가족으로 등장한다.
극히 일상적인 사물들이 그녀의 손끝에서 재창조되어 사람들을 감동시킨다. 그녀가 핀란드에서 수많
은 젊은이들에게 존경 받고 영향을 미치는 이유다.

오우띠는 얀네 라이네와 협업으로 실험 작업을 시도한다. 젊은 작가들과 공동 작업을 시도하며 오우
띠는 작가들과 서로 평등한 관계를 강조한다. 나이와 지위 상관없이 서로 존중하는 모습이다.

얀네 라이네의 풍경에 오우띠의 곰이 합쳐진 공동작업이다.

교육은 사회를 반영한다

핀란드 친구에게 물었다. 왜 핀란드가 세상에서 가장 행복한 나라인지?

만족감!

친구는 잠시 생각하더니 자신이 생각하는 가장 첫 번째 이유를 한마디로 표현했다. 어떤 경우에도 자신이 생각하는 결과 앞에서 만족하고 감사한다고 말한다. 작은 일에도 만족하고 감사한 마음을 가진다면 크게 실망하거나 불만을 가질 필요가 없다는 것이다.

그의 짧은 대답 속에서 난 그동안 살며 느꼈던 긍정적인 감정들을 되짚어 보게 되었다. 왜 난 그동안 두 개의 커다란 이질적인 문화 사이를 오가며 여전히 낯선 길을 걷고 있는지. 그리고 긍정적 에너지를 갖게 되었는지.

때로 어려운 문제 앞에서 심각해지곤 했지만 무언으로 내가 가는 길에서 조용히 친구가 되어 주었던 핀란드 친구들은 내 앞에서 결코 어떤 충고나 부정적인 의견을 제시하지 않는다. 늘 나의 상상력을 부추기고 응원해 주었다. 무엇보다 함께 공감하고 따뜻한 눈빛으로 서로 다른 시선에 관심을 표한다. 서로 다름에서 영감을 얻고 다른 생각에 관대하다.

대다수 핀란드 사람들에겐 어떤 일이든 만족하는 정서가 있다. 누구와 견주어서 비교하거나 경쟁하는 일에 관심을 두지 않는다. 늘 자신이 성취하고자 하는 일에 큰 목표를 세우기보다 진심을 다해 할 수 있는 부분까지 최선을 다한다. 그리고 결과보다는 과정에서 즐기며 만족한다. 과정에서 목표는 달라질 수도 있고 다른 방향으로 전환될 수 있다고 생각한다. 목표를 향해 달려가며 스트레스를 받기보다는 유연한 사고를 통해 또 다른 세상과의 만남을 열어 놓는다.

대부분 핀란드 사람들은 자신의 감정을 드러내지 않는다. 좋은 일을 표현할 때도 간단히 감사함을 표한다. 과장된 몸짓이나 언성을 높이는 일도 없다. 사람과의 사이에서 바라거나 요구하는 일 없이 자신이 가진 만큼 만족한다. 비교하지 않으니 크고 작은 판단 기준도 적용하지 않는다. 왜 정치와 사회에서 청렴한지 알 수 있다. 누가 누구에게 대가를 바라고 물질이 오가는 일은 부끄러운 일이라고 배웠기 때문이다.

한 전문 기업인 헤이끼 바나넨이 기고한 의료보건에 대한 기사를 본 적이 있다. 그의 기고문에서는 왜 핀란드 사람들이 수년째 세계에서 가장 행복한 나라로 회자되고 있는지 서술하고 있었다. 그의 글은 내가 그동안 핀란드 사람들과 일상에서 경험한 일들이 이론이 아니었다는 사실을 명확하게 짚어주고 있었다.

"핀란드에는 광범위한 복지 혜택, 낮은 수준의 부패, 잘 작동하는 민주주의, 그리고 행복을 구성하는 큰 부분이라 할 수 있는 자유와 독립 의식이 잘 스며들어 있다. 누진세와 부의 분배는 번영하고 세계를 선도할 만한 보편적 의료 시스템을 가능하게 했다.

일과 삶의 관점에서 핀란드는 평등한 모델을 개척한 최초의 국가 중 하나이며, 이는 최근 다른 나라에 알려지기 시작했다. 핀란드 사람들의 평등한 업무 관계는 익숙하지 않은 사람들에게는 비즈니스가 구조화되는 모델이다. 경영진과 직원 간 계층적 차이가 거의 없는 것이 특징이다. 그 이면에서 그것은 팀 응집력과 작업장 생산성을 높인다. 동시에 직원이 능동적으로 일할 수 있는 권한을 부여하여 최대한의 유연성을 제공한다. 이러한 근로자 중심의 비즈니스 접근 방식은 10년 이상 핀란드에 도움이 되었으며, 핀란드의 전반적인 행복에 가장 큰 역할을 하고 있다. 핀란드인 모두에게 행복이란 직장에서 얻는 기쁨과 건강한 일 그리고 삶의 균형 추구와 연결되어 있다

핀란드 문화를 생각할 때 떠오르는 또 다른 주요 측면 중 하나는 핀란드를 행복하게 만드는 '시수'sisu다. 시수는 핀란드 사람들이 지닌 철학이다. 다른 언어로는 분명하게 번역되지 않지만 핀란드 사람들이 서로 통하는 에너지와 같은 '금욕적 인내'로 표현된다. 핀란드는 이 원칙을 여러 면에서 구현하고 있다. 한 가지 예는 핀란드 정부가 노숙자를 종식시키기 위해 취한 성공적인 접근 방식이다. 핀란드의 참신한 '주택 우선' 원칙은 노숙자에게 적절한 지원을 제공하며 궁극적으로 자신의 집을 소유하는 것을 목표로 했다. 정부가 노력한 결과 핀란드는 전 세계적으로 노숙자 비율이 가장 낮은 국가 중 하나다. 핀란드는 또한

성평등과 성별 임금격차 해소를 매우 중요하게 생각한다. 실제로 선진 국에서 아버지가 어머니보다 학령기 자녀와 더 많은 시간을 보내는 유 일한 국가다.

핀란드 사람들이 행복한 이유가 무엇인지 분명하다. 핀란드는 가장 진보적이고 미래지향적인 국가가 되기 위해 노동과 사회경제, 문화의 경계를 끊임없이 확장하고 있다. 그 이유는 국가를 위함이 아니다. 국 민을 위한 일이기 때문이다."

헤이끼는 핀란드 사람들이 세계에서 가장 행복한 이유에 대해 사회 복지 시스템이 어떤 배경으로 작동하는지 이야기하고 있다. 난 핀란드 사회복지 시스템을 알기 전에 핀란드 사람들과 먼저 생활 속에서 만났 다. 일상의 삶에서 이웃과 진심으로 실천하고 나누는 모습을 먼저 경 험했다.

난 핀란드 사람들이 제도나 시스템에 맞추어 산다고 생각하지 않는 다. 좋은 이웃과 친구들 그리고 미래 아이를 위해 현대화 과정에서 시 스템을 하나씩 갖춘 것으로 이해하고 있다. 내가 생각하는 핀란드 사 람들이 행복한 이유는 단지 사회복지제도나 시스템을 갖추었기 때문 이라고 생각하지 않는다. 실천 가능한 제도를 만든 사람들은 신뢰를 바탕으로 한다. 제도나 법규 이전에 인간 본연의 전통과 태도는 일관 되어 왔다. 핀란드 사람들에게는 전통과 현대가 늘 공존한다. 할아버

지, 할머니의 전통이 가족 사이에 전해지며 남을 존중하는 태도를 배우게 된다.

아름다운 자연 앞에서 세대와 세대를 넘어 이어가는 시수는 핀란드 사람들이 느끼는 행복이라 생각한다. 최첨단 기술이 발전해도 자연에서 벌거벗은 인간의 초자연주의적 상태의 삶은 여전히 가능하다. 선조 대대로 이어온 자연과 인간의 조화로운 삶에서 인간의 겸허함은 오늘의 핀란드 자연을 지켜왔다. 그 자연과의 삶에서 사람들은 가장 큰 행복을 느낀다. 아름다운 자연에서 맘껏 즐길 수 있는 자유와 자연을 우선하는 마음을 동시에 갖는다.

난 핀란드에서 아주 다양한 연령층과 사회적 지위를 가진 사람들과 교류하며 어떻게 핀란드 사람들이 행복한 생활을 이어가는지 알 수 있었다. 친구들을 통해 그들 스스로 실천하는 자유와 평등 그리고 절제된 생활에서 행복이 우러나옴을 볼 수 있었다.

행복은 국가에게 요구하는 것이 아니라 각자의 생활 영역에서 스스로 만들어 간다. 행복한 권리를 요구하기보다 행복한 권리가 어떤 사회를 이루는지 삶에서 투영하고 있다. 사회에서 개인 혼자만의 행복이 아닌 다수의 소리가 모아지고 수준 높은 삶을 통해 국가로 수용하는 논리다. 행복한 생활에서 자란 아이들이 무엇을 위해 소리 낼 수 있는지 자연스럽게 배운다. 가정과 사회생활 속의 배움은 학교에서 배운 질서와 융합된다.

각자 다른 소리로 정치 경제 사회를 이야기하는 사람 앞에서도 결국 무엇이 진정 다수의 인간을 위한 일인지 스스로 판단한다.

한여름 공원에서 태양을 기다리는 사람들이 모여 축제를 연다. 여러 지역에서 모인 사람들이 함께 연주한다. 전통 악기와 현대 악기를 연주하는 사람들 연령대도 다양하다. 핀란드 사람들은 어릴 때 학교에서 누구나 다양한 악기를 배울 기회가 주어진다. 사교육을 받지 않아도 악기 다루며 연주하는 기회는 누구나 공교육에서 가능하다. 악기 연주는 음악을 즐기는 핀란드 사람들 대부분의 일상 속 취미 생활로 이어진다.

천천히 마을 길을 걷는다. 오랜 전통을 지닌 마을, 울퉁불퉁한 돌길이다. 모두를 위해 배려된 길 한가운데 초대 받아 서 있는 느낌이다. 풀과 나무와 돌과 흙 사이에 인간은 아주 조금 틈을 내어 살고 있음을 문득 깨닫는다. 누구를 위한 배려인가! 자연이 중심을 이루는 행복한 길을 걷는다. 자연을 중심으로 생각해 보면 우린 너무 많은 것을 잃었다. 우린 함께 살고 있음을 늘 기억해야 한다.

재활용 시장에서

평소 한가하고 한적했던 공원이 인파로 북적인다. 도심 곳곳에도 많은 사람들이 모여 있다. 노상에서 물건 사고 파는 일이 금지되어 있는 헬싱키에서 1년에 딱 두 번 허락되는 날 거리에선 벼룩시장이 열린다. 도심 곳곳 어떤 거리를 점령해도 좋다. 문화인들이 앞장서 실행하는 도심 청소의 날로 불리기도 한다.

사람들은 더 이상 사용하지 않는 물건을 들고 공원에 모인다. 폐기 처분할 물건을 가지고 나온 사람들이 또 다른 용도로 사용할 사람들과 만나는 현장이다. 겉모습에 특별히 관심을 두지 않는 핀란드 사람들은 과용하지 않고 절제된 삶을 산다. 옷차림에 신경을 쓰기보다는 실용적인 것에 더 많은 관심을 갖는다. 어릴 때부터 스스로 만들어 보면서 자란 사람들은 대를 물려 입는 옷과 재활용하는 감각을 갖고 있다. 다른 사람이 사용하던 것도 실용적이고 경제적인 면에서 큰 가치부여가 된다. 낡고 오래된 물건들을 재사용하는 일은 결코 부끄러운 일이 아니다. 누구도 다른 사람의 물건에 대해 평가하지 않는다.

이웃을 생각하며 사는 사람들은 세상 움직임에 대해 민감하다. 기후변화와 생태계 파괴로 세상이 어려움에 처한 사실을 공감하는 사람들은 지속가능한 생활을 위해 어떤 실천이 가능한지 고민한다. 사람들은 더욱 절제하는 생활에서 주변에 넘치는 물건을 다시 사용하는 데 기꺼이 동참한다. 벼룩시장이 열리는 배경에는 지금 세계가 처한 환경에 대한 인식이 자리하고 있다. 재활용 물건을 들고 나온 사람들은 남녀노소 모두 축제처럼 즐긴다. 버려지는 쓰레기의 심각성에 대해 일상에서 즐겁게 해결하며 실천하고자 하는 핀란드 사람들의 생각이다.

많은 인파 속에서 아는 얼굴이 눈에 뜨였다. 안네 문끼는 아이들과 함께 자리를 펴고 물건을 정리하고 있다. 안네 옆에는 6살짜리 쌍둥이 페피와 코스모가 자리하고 있다. 평소 손으로 만드는 것을 좋아한다는 아이들은 플라스틱 발대와 구슬 등을 재활용해 만든 장식품을 들고 나왔다.

페피는 플라스틱 발대를 잘라 목걸이를 만들었다. 작은 아이의 손으로 정성을 들여 만든 장식품을 손목에 감아보았다. 아이가 수줍게 미소짓는다. 난 아이를 격려하는 차원에서 페피가 만든 장식품을 2유로에 샀다. 옆에서 아이와 대화하며 흥정이 일어나는 광경을 지켜보던 엄마는 어떤 도움을 주거나 참견하지 않는다. 아이들이 마켓에 참여하고 싶어했고 스스로 준비한 재활용 용품들을 들고 나온 이상 아이들 스스로 경험해야 한다고 생각하는 안네는 옆에서 흐뭇한 미소로 바라볼 뿐이다.

안네는 어느새 훌쩍 자라 6살이 된 아이들이 사회를 경험하는 모습이 대견하다고 했다. 다른 부모들처럼 안네는 아이들이 스스로 여러 경험을 하며 배운다고 믿고 있다.

공원을 메운 인파 속에는 참으로 다양한 삶이 펼쳐진다. 서로 다른 용도로 거래되는 재활용품들.
누구에겐 불필요했던 물건이 누군가에겐 절실한 물건이 되기도 한다.

아이들이 어른과 같은 장소에서 다양한 사회 생활을 경험하는 일도 아이들이 받아들이는 만큼 필요한 일이다. 아이 때 갖는 호기심과 실생활에서 일어나는 차이를 극복하는 독립심은 하루아침에 길러지는 것이 아니라는 것이다.

아이들은 어느새 다른 고객을 만나 지갑이 두둑해졌다. 난 아이에게 지갑에 가득한 돈으로 무엇을 하고 싶은지 물었다. 아이는 아직 모르지만, 자라면서 사고 싶은 것이 생길 것이라고 답한다. 아이는 아직 돈 쓰는 방법을 알지 못한다. 아이는 단지 재활용 재료를 사용하여 자신이 좋아하는 작업으로 사회참여를 한 셈이다. 6살 아이에게는 이른 경험처럼 보이지만 아이 스스로 선택하고 준비한 일이기에 엄마는 아이를 격려하고 믿음을 갖는다.

사과나무는 만인에게 공평한 맛을 선사한다

난 친구 집 정원 사과나무 아래 있다. 바람에 떨어진 사과를 주우며 여유로운 시간을 즐긴다. 사과나무는 핀란드 사람들에게 감정의 무게를 담은 상징성을 갖고 있다. 핀란드 사람들에게서 보이는 한가함과 너그러움은 사과나무 그늘 아래 고스란히 담겨 있다. 난 어느새 사과나무에 대한 철학을 알게 된 것 같다.

갑자기 분 가을 바람에 떨어진 사과는 잔디 위에 쌓인다. 친구는 쌓인 사과를 긁어 모은다. 상처 난 사과는 이웃과 나누고, 사과 주스나 잼을 만드는 데 사용한다. 나뭇가지에 달린 사과는 벌레와 새 먹이가 되도록 남겨둔다. 모든 생명체가 나누는 건강한 자연 맛은 자연 생태계의 순환구조를 생각하는 맛이다.

삶의 방식에서 인간을 견제하지 않고 나누고 포용하는 정서는 사과나무가 품고 있는 그 자태와 닮아 있다. 오랜 시간 한자리에서 고목이 되어도 늘 그만큼의 열매를 맺는다. 꽁꽁 언 땅에서 버틴 만큼 크게 자라지 못하는 나무는 낮은 모습이다. 나뭇가지는 세월을 견딘 주름 투성이다. 봄이 오면 주름진 나뭇가지에 새살이 돋는다. 한여름, 짧지만 강렬한 햇볕 아래 무르익은 열매는 백야의 끝자락에서 제 모습을 드러낸다. 작고 울퉁불퉁한 사과는 천연 자연의 맛이다. 자연 기운으로 절로 자란 사과는 벌레도 먹고 새도 먹고 사람도 먹는다. 귀한 자연의 결실 앞에 그 누구의 소유도 없어 보인다. 여름 결실로 감사하는 생명체가 함께 만난다.

언제부턴가 한국 마켓에서는 똑같은 크기의 과일이 플라스틱 용기에 포장되어 상품가치로 인정 받고 있다. 자연 맛의 가치를 플라스틱으로 포장하여 평가하는 사회다. 조금 작거나 찌그러진 과일은 볼 수 없다. 같은 나무에서 같은 계절 풍파를 견뎌 온 열매는 인간의 경제논리로 분리되고 폐기된다.

난 농부의 시선으로 귀한 농산품을 어떻게 대하고 유통시킬 수 있는지 관심을 두고 있다. 나의 작은 실천은 시간이 허락할 때 친구들과 농장이나 과수원을 찾아 일손을 돕고 폐기처분 직전의 과일이나 농산품을 사주는 일이다. 사람이 먹는 농산품에 차별을 두는 일에서 맛이 달라지는 것이 아니기 때문이다. 다행이다. 내 주변 친구들은 나와 같

사람 사는 곳 가까이에는 함께 살아갈 수많은 생명체가 있다. 한여름 도심 물가를 찾았던 철새는 어느새 떠날 준비를 하고 있다. 철새가 지냈던 풀숲과 물가엔 무수한 흔적이 남겨진다. 함께 사는 자연에서 사람들은 늘 변함없이 찾아오는 철새와 마주한다. 자연 앞에 그 누구도 주인은 없다. 더불어 사는 방법을 함께 터득할 뿐이다.

은 시선으로 농부 일손의 귀한 가치를 공감하며 농부 일손 돕는 일에 참여하고 있다.

지금 우린 그 어떤 자연 맛이라도 귀하게 여기던 할아버지, 할머니의 생활을 돌아보아야 할 때다. 어려운 시기에 바람에 떨어진 사과 가치를 플라스틱 포장 가치와 비교하지 않기를 바라는 마음이다.

책을 마치며

'우리는 과연 다음 세대를 위해 무엇을 하고 있는가?'

스스로에게 질문하며 또 하나의 화두를 던지기 위해 네 번째 책을 내기로 했다. 언젠가 나의 세 번째 책《소리 없는 질서》를 읽고 독후감을 보내 온 한 중학생의 글귀가 떠오른다.

"소리 없는 질서 속의 내밀한 관찰은 우리 사회에 던지는 아픈 질문으로 이어진다."

난 그 아이의 느낌이 너무 미안하고 아팠다. 그리고 기뻤다. 내 자신에게 다가왔던 울림을 다른 사람과 공감할 수 있다는 기쁨이기도 했다. 어린 친구와 그런 감정을 공유하다니!

어른은 아이를 옥죄지 말아야 한다. 아이가 품은 내면의 감성을 좀 더 자유로운 시간 속에서 자라게 해야 한다. 아이가 직시하는 사회는 언젠가 그들이 진정 꿈꾸는 세상이 되어 갈 것이다. 아이들 눈빛에서 얼마나 많은 이야기를 하고 싶어하는지 알 수 있다.

어른들이 알아 듣고 싶은 언어로 아이를 평가하고 어른들 살아온 시간으로 아이를 가두고 있는 것은 아닐까? 어른도 아이였다. 우린 왜 아이 시간을 잊고 사는가!

최근 '아이 교육' '미래 교육' '스마트 교육' … 마치 무슨 표어대회처럼 무수히 많은 슬로건을 쏟아내며 교육을 핑계로 돈을 물 쓰듯 한다. 갑자기 이웃 나라 교육을 벤치마킹한다며 영혼 없는 행동이 횡행한다. 사회가 온통 아이 교육에 우왕좌왕하고 있다. 혼돈 속에서 교육은 겉모습만 바뀔 뿐이다.

난 주체할 수 없는 의로움으로 사과나무 한 그루를 심기로 한다. 말보다는 실천이다. 나의 이야기는 스스로 도전하며 즐겨 온 경험을 바탕으로 한다. 북유럽 사회에서 프로젝트를 수행하며 만났던 다양한 전문가들, 그리고 거리에서 만난 무수한 사람들과 편견 없이 생각을 나눌 수 있었던 시간이 내겐 큰 배움이었다. 난 그들이 보여준 겸손하고 정직하고 침착하고 너그러운 태도를 통해 북유럽 사회가 왜 행복한지 알게 되었다. 내게 찾아온 행운 같은 순간들은 또 다른 나를 향해 도전하는 긍정적 에너지로 승화되었다.

지금 한국사회는 붐처럼 다가오는 학교 변화에 대한 물음 앞에 맞닥뜨려 있다. 난 내가 경험한 북유럽의 멜랑콜리한 기운을 담아 학교라는 화두 앞에 서 있다. 북유럽 사람들이 말하는 학교는 마을이고, 인간 사회 곳곳이 학교다. 배움은 즐거운 일이며, 행복한 미래를 위한 것이고, 경쟁을 위한 공부가 아니다. 가르치지 않는다. 스스로 배울 뿐이다. 교육은 독립적이고 어떤 정치에도 영향을 받지 않는다.

정직한 사회에서 진실과 부끄러움이 무엇인지 배운다. 교육을 받는 이유는 이웃과 함께하는 행복을 위해서다. 동등함을 배우는 과정에서 서로를 배려하는 마음을 갖는다. 경쟁할 필요가 없으니 충분히 쉴 공간과 휴식이 가능하다. 이러저러한 모양이 함께 산다. 내게 부족한 것과 다른 사람이 가진 것은 비교 대상이 아니다. 행복지수가 높은 사회에서 맛보는 제철 과일엔 진한 계절 맛이 있다. 자연이 품은 제철 과일에 감사하며 생태계를 파괴하지 않는다. 다음해에 맛보게 될 태양빛을 고대하는 기다림이 존재한다.

아직도 한참을 더 이야기해야 한다. 하지만 난 또 다른 콘셉트로 다음을 약속한다.

이 책을 만들어 내는 데 많은 친구들과 존경하는 사람들이 격려하고 도움을 주었다. 나는 사진을 글씨와 같이 취급한다. 늘 카메라를 들고 다니지만 사진을 언어로 구상하는 데 많은 친구와 기관의 도움이 필요했다. 그 아름다운 사람들에게 존칭과 사회적 지위도 생략하며 감사인사를 전한다.

Many of my friends and colleagues encouraged me to create this book. It helped me to focus on the significance of my experience to a society that values differences and inclusivity. I inspired, Nordic Path: New Schools for future generation. Let me keep on moving to create and set the tone to open communication between Nordic countries and Korea.

I believe a Picture Says More Than Words. The reasons why I still insist on carrying a camera. I appreciate your flexibility in allowing me to use your valuable photo materials. I just want to say how pleased I am with the results of your photography in this book.

The Museum of Finnish Architecture, Matti Heimonen, Hilkka Heimonen, Marja Uusitalo, Isa Kukkapuro Enbom, Henrik Enbom, Hannu Hellman, Artek, Isku, JKMM Architects, Ulla Kostiainen, Hannele Heikkinen, Outi Heiskanen, Edit Bajsz, Erja Mehto, Annantalo, Sirkku Sagath, Päivi Meuronen, Mika Huisman, Marc Goodwin, Robert Lindström, Hannu Rytki, Embassy of Finland in Seoul, Antti Olin, Nikari, Markku Kosonen, Marko Huttunen, Jussi Tiainen, Rauno Träskelin, Tuomas Uusheimo, Rauno Träskelin, Verstas Architects, Ilkka Salminen, Arno de la Chapelle.